崔敬邕墓志考證

文物出版社

圖書在版編目（CIP）數據

崔敬邕墓志考證 ／ 陳郁著． -- 北京 ： 文物出版社，
2024. 8. -- ISBN 978-7-5010-8492-0

Ⅰ．K877.454

中國國家版本館CIP數據核字第20240MH992號

崔敬邕墓志考證

著　　者　陳　郁

責任編輯　陳博洋

責任校對　陳　婧

責任印製　張　麗

出版發行　文物出版社

社　　址　北京市東城區東直門内北小街2號樓

郵政編碼　100007

網　　址　http://www.wenwu.com

經　　銷　新華書店

製版印刷　文物出版社印刷廠有限公司

開　　本　787mm×1092mm　1/16

印　　張　7.25

版　　次　2024年8月第1版

印　　次　2024年8月第1次印刷

書　　號　ISBN 978-7-5010-8492-0

定　　價　78.00圓

序

一

馬成名

　　鑒定碑帖拓本的重要性，除了碑帖拓本本身拓墨時間的早晚、收藏流傳的經過以及冊後名人的題跋等等以外，還有一項十分重要的評判依據是碑帖原石的存佚。若碑帖原石已佚，存世拓本僅有一冊的稱爲"孤本"碑帖。若碑帖原石已佚，存世拓本屈指可數的稱爲"珍本"碑帖。北魏崔敬邕墓志出土於康熙年間，但其墓志原石已佚，目前所知存世拓本僅五冊，故應屬"珍本"碑帖。

　　關於北魏崔敬邕墓志的出土、志石之佚失及存世五冊拓本的收藏與流傳經過，前人多有論述，似乎亦大致清晰。最近陳郁先生連續發表有關北魏崔敬邕墓志的研究文章《華陽卓氏考》《吉祥雲室及古雲氏考》《李鴻裔、李遠辰父子》《費念慈與陶湘宣》《陶湘與蔣祖詒》等，又完成《崔敬邕墓志考證》一書。本書既全面又詳盡，引經據典地考證北魏崔敬邕墓志志石的出土及佚失，以及拓本收藏流傳的經過。我讀完此書頓改舊觀，原先以爲北魏崔敬邕墓志情況大致清晰，其實所知衹是"皮毛"而已。

　　本書在志石出土方面所采用的都是當時的專家、學者，如陳奕禧、楊大瓢、王士禎、何義門等人原始材料，比較可靠。

　　本書在志石佚失方面所采用的是乾隆年間孔繼涑所刻的《谷園摹古法帖》，以及潘寧、金文淳、戴光曾等人的題跋，比較可信。

　　本書在收藏者考證方面更是深入翔實。如劉鐵雲本的收藏者"華陽卓氏"，從方若、張彥生、馬子雲到王壯弘等，都僅提到"華陽卓氏"收藏，但究竟"華陽卓氏"是何人？經本書作者考證，"華陽卓氏"原是一顯赫大族收藏世家，而收藏崔敬邕墓志者乃是卓岷原，清中晚期著名金石家劉燕庭的女婿，夫人陪嫁時獲得赫赫有名的唐朝樂器"小忽雷"。又如費念慈本扉頁有三條題籤，其中一條署款爲"吉祥雲室"，鈐印"古雲氏"。"吉祥雲室"及"古雲氏"頗爲陌生。但皇天不負有心人，最終本書作者還是找出二者是何人。

本書作者有如探長查案，將崔敬邕墓志的疑點一個一個地逐步排查破解，最終水落石出。

本書對北魏崔敬邕墓志綜合性的考證，有關資料齊全。若想對崔敬邕墓志有所了解，得此一書足見全豹。

我與陳郁先生相識時間并不很長，十年左右。曾在一個偶然的場合相見，交談以後知道他對碑帖有興趣，我們有相同的愛好，於是開始交往。陳郁先生邀我觀賞他的碑帖收藏，頗有可觀者。往後每年我回國都會相聚，探討有關碑帖的考證、收藏、往事、趣聞等等，相談甚歡，爲莫逆交。

常言道，要當一個一流的藝術品收藏家必備"三力"：眼力、財力、魄力。此三力中，尤其以眼力爲藝術品收藏家所不可或缺。曾見過多位有財力又有魄力的收藏家，但其藏品多是贋品不值一看。故財力、魄力僅能使你擁有藏品，眼力纔是成爲一流收藏家的先決與關鍵條件。雖然現今有不少收藏家借助他人的眼力，亦收藏不少珍品，但擁有藏品僅是一個收藏家在收藏過程中邁出的第一步，最重要的還是在認識藏品、研究藏品，最終真正享受到欣賞藏品的樂趣，這纔是一位真正有品位的藝術品收藏家。

世上收藏家分三流：第一流是對其藏品"知其然，更知其所以然"。這類藏家對其藏品好在哪裏，妙在何處，以及藏品的來龍去脉研究得一清二楚。第二流是對其藏品"知其然，而不知其所以然"。這類藏家對其藏品知道是好，但不一定知道好在哪裏，更沒有深一層的研究。第三流是對其藏品"不知其然，亦不知其所以然"。這類藏家對其藏品懵懵懂懂，人收我亦收，根本就不了解。

以此衡量，陳郁先生應屬於第一流的收藏家。

2023年2月17日於紐約

序二

仲 威

　　2023年的春节大年初三，嘉樹堂陳郁先生發來微信，邀我來爲他的新書《崔敬邕墓志考證》撰寫序言一篇，無論從與陳郁先生的私交，還是對崔敬邕墓志的喜愛，我都應該接受此項光榮的任務，就是擔心寫不好這篇序文，嘴上雖然答應，但心里却在猶豫。大年初七，圖書館年後開門第一天，陳郁先生就趕來查找資料，我倆當面又再次約定。人家已經"逼上門來"，我祇能乖乖地趕緊動筆。

　　印象中一直記得，我與陳郁先生初次見面的那天，就是去觀看他的寶貝崔敬邕墓志藏本，這個美好的記憶一直留在心頭。這次撰寫序文，我特地翻看2015年日記："7月14日下午，復旦大學陳麥青先生和海上收藏家陳郁先生來訪，觀吳繼仕跋本十七帖、葉九來藏本伊闕佛龕碑，碑帖票友高恩德後來，同觀翁同龢藏本小麻姑。"看來我的記憶有誤，幾年前的往事，如今已經七顛八倒了，原來我與陳郁先生初識是麥青先生介紹的，當日并未觀看崔敬邕墓志，而是看上海圖書館的館藏善本。

　　再翻10月25日日記，記有："下午與麥青先生一同前往烏魯木齊路上的'亦園'，賞陳郁先生新購的崔敬邕墓志，紙墨古致，爲劉鶚抱殘守缺齋舊物，流傳有緒，無待更贊，唯獨未見光緒三十二年王瓘、羅振玉、方若、劉鶚合影照片。"原來觀看崔敬邕墓志是在2015年的10月，并非初識之時，10月5日陳郁先生纔在香港蘇富比以重金拍得，25日應該是剛到手不久，那天我與麥青一同觀看崔敬邕墓志，就好比吃到剛剛出爐的"燒餅"，滾燙滾燙還冒着熱氣。

碑帖重器崔敬邕墓志入藏，嘉樹堂至此不得云無"長物"矣。此事對於陳郁先生而言意義非凡，也是他碑帖收藏戰略性轉型的標志性起點。

今年，我回看陳郁先生的個人碑帖收藏史，2015年恰好是"中點"，此前的他，在拍場上購買碑帖，就好比是用機關槍掃射，喜歡啥，想要啥，一掃一個準。當時的普通碑帖收藏者手裏多是"彈弓"，"長槍大刀"都少見，見到手握機關槍衝進拍場的陳郁，大都聞風而逃，祇能在背地裏偷偷罵他"陳瘋子"，他也欣然接受，還請人篆刻一印，印文就是"有人叫我陳瘋子"。此後的他，嘗到了收藏碑帖善本重器的甜頭，找到了碑帖研究的樂趣，開始突飛猛進，成果令人驚嘆。這本《崔敬邕墓志考證》就是他碑帖研究的所思所想。

前人金石研究的方法，無外乎著録、摹寫、考釋、評述四端，即存其目，録其文，圖其形，述其史，大多圍繞經史、小學、義例展開闡發，考其時代，述其制度，釋其文字，證經典之同異，正諸史之謬誤，補載籍之缺佚，留下了汗牛充棟的金石典籍。陳郁先生的金石研究，在借鑒前人成果的同時，又有所選擇，有所避讓，有所超越，并且形成了自家特色。

衆所周知，收藏碑帖，首先要鑒定版本優劣，其次是梳理遞藏關係。這也是善本碑帖收藏的魅力所在，因爲祇有把玩善本碑帖，纔有上述兩項樂趣。陳郁先生深諳此道，暢游其中。你知、我知、大家都知的碑帖知識，在陳郁先生眼裏早就是碑帖研究的"淺水區"，他要到鮮有人去的"深水區"，人云亦云，他不云。以嘉樹堂自家藏本爲"支點"，撬開金石研究道路上一座座擋路的大山，拓展了金石文化研究的廣度和深度。放下"機關槍"，拿起"綫裝書"，在前人文獻的字裏行間尋找答案，還原真相，在歷史文獻的"老瓶"裏灌下他親手釀製的"新酒"。

我每次看到陳郁先生的新書時，内心都無比自豪，爲我們的時代能擁有如此優秀的碑帖收藏家、研究者而高興。他的研究成果一定會與他的碑帖收藏一同傳之久遠，他的研究方式也一定會給每一位熱愛碑帖、收藏碑帖、研究碑帖的讀者帶來全新的啓發。

癸卯正月初十於上海圖書館

目録

上篇 志石之始末

作爲北魏墓志名品，崔敬邕墓志在中國碑刻及書法史上的重要地位已毋庸置疑。尤其是它的原石拓本，已被碑刻收藏家及鑒賞家視爲球璧，珍貴异常，可與宋拓唐碑名品等值。其原因在於志石早佚，存世拓本甚罕。如葉昌熾所言："墓志，宋元出土者，十亡八九，即乾嘉以前出土者，亦十僅存二三，幸而僅存者，日見其少。唐以前崔敬邕、常醜奴諸石，存於世者殆無幾。"[1]

從歷史上看，對墓志的廣泛關注開始得較晚，大約在清中後期。具體是由於乾嘉金石學復興及訪碑得碑帶來的風氣使然。當時明末清初至乾隆之前出土的某些墓志拓本已很難求得。可以料想到，儘管人們對北朝隋唐墓志產生濃厚興趣後，會竭盡搜刮之能事，然而那些早期出土的墓志不僅原石難覓踪迹，而且拓本難覯，當時出土、傳拓及亡佚的情况，如張黑女墓志、崔敬邕墓志及常醜奴墓志，也不甚明瞭，個別情况甚至存在誤說訛傳，有待厘清。

本書上篇圍繞崔敬邕墓志原石，從出土、傳拓及亡佚這三方面，進行一番文獻梳理，以期從一個側面反映乾嘉金石學全面復興之前，以陳奕禧爲代表的金石家獨具慧眼，對新出土墓志的傳播和推廣所作的努力。厥功至偉，給六朝石刻史、書法史、鑒藏史添上亮麗的一筆。可以說，在志石的出土和拓本傳播推廣中，陳奕禧的歷史地位是不可替代的，讀者從本篇章節標題的設置就能看出這一點。最後聯繫曲阜孔氏刻帖，對崔志原石的亡佚作一探討，以正本源。

注釋：

[1]〔清〕葉昌熾：《語石》，浙江大學出版社，2018年，第313～314頁。

陳奕禧與陳宗石

關於崔敬邕墓志原石的出土，碑拓校勘家叙述極爲簡要，唯張彦生先生所述稍詳：

志出河北安平，康熙十八年（1679）縣人黄城於崔墓里許掘井得之，卅年（1691）縣令陳宗石砌入鄉賢祠。[1]

此説基本正確。安平縣令陳宗石一般被認爲是志石的發現者或訪得者，他對原石進行了保護，還將此事寫入自己纂修的《安平縣志》，該志卷3《古迹志》記載甚明（圖1）：

崔公墓，在縣治西八里，舊志載爲漢尚書崔實之墓，或云博陵王崔元暐墓。康熙十八年（1679）間，土人曾於墓傍淘得墓石。又係崔敬邕墓志銘，今載《藝文》。[2]

縣志對崔敬邕墓志作了釋文，見載於卷8《藝文志》，文末加有按語（圖2）：

康熙十八年（1679）春旱，鄉民在崔公墓旁里許穿井，發出志石，因録其文附入志内，自北魏熙平二年（517）至皇清康熙十八年（1679）計一千四百有餘歲矣。康熙三十年（1691）孟冬朔，知縣陳宗石謹□志石砌入鄉賢祠壁，以垂久遠，不致廢□。[3]

由於板刻及刷印的緣故，其中兩字模糊不清，經仔細辨認并聯繫上下文，推斷出其

圖1

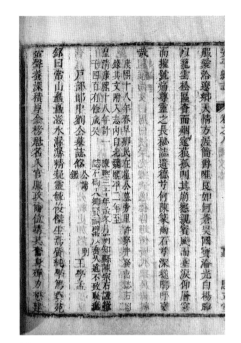

圖2

當爲"將""棄"二字。關於當年這場旱災,縣志也有記載[4]。

關於崔敬邕墓志原石的出土,此説甚權威,後人均沿襲之。吳汝綸《深州風土記》卷10《古迹》:

> 後魏崔敬邕墓。康熙十八年(1679),民掘得敬邕墓志在黄城村崔公墓东,知縣陳宗石移志石於縣學明倫堂壁。[5]

有意思的是,不單單崔敬邕墓志,明末清初時墓志出土後一般均嵌於當地鄉賢祠堂或寺廟壁間,如原石久佚的常醜奴墓志也曾嵌在壁間[6]。

陳宗石(1643~1720),字子萬,號富園,江蘇宜興人,落籍河南商丘。出身名門,祖父陳于廷是萬曆進士、東林黨魁,父親陳貞慧是"明末四公子"之一,長兄陳維崧是陽羨詞派領袖,岳丈侯方域亦名列"明末四公子"之一。宗石爲漁洋山人王士禎弟子,與朱彝尊、徐乾學、嚴繩孫、顧貞觀、納蘭性德等,尤其是碑帖鑒賞家陳奕禧友善。

然而,事情至此并未完結。筆者以爲,康熙三十年(1691)陳宗石將志石砌入鄉賢祠壁之事,可能還得到了同門友人陳奕禧的襄贊,而這恰恰是以往人們所忽略的,也恰恰對於崔敬邕墓志原石及拓本的流傳來説是很關鍵、很重要的。

陳奕禧（1648～1709），字六謙，一字子文，號香泉，晚號葑叟，浙江海寧人，清早期著名金石家、書法家，王士禎弟子。王士禎《分甘餘話》卷3有陳奕禧小傳，對其評價較高，旁及其諸多生平事迹，悉錄於此：

> 門人陳子文奕禧，號香泉，海寧望族。其家簪笏滿床，子文獨以詩歌、書法著名當世。其書專法晋人，於秦漢唐宋已來金石文字，收弆尤富，皆爲題跋辯證。米元章、黃伯思一流人也。康熙庚辰（三十九年，1700），以户部郎中分司大通橋。一日，東宮舟行往通州，特召之登舟，命書絹素，且示以睿製《盛京》諸詩，賜玻璃筆筒一。後亦召至大内南書房，賜御書。甲申（康熙四十三年，1704），出知石阡府。戊子（康熙四十七年，1708），補任南安。江西巡撫郎中丞重其名，求書其先世碑志，而子文忽以病卒官。妙迹永絕，清詩零落，所藏金石文字不知能完好如故否？其子世泰，以書名世。其家必能藏弆，不至散佚。生平與蒲阪吴天章雯最善，今先後下世矣，悲夫。[7]

陳奕禧與陳宗石訂交甚早。二人在山西任職時，陳宗石在黎城，陳奕禧在安邑，雖相隔數百里，路途遥遠，亦有往來。康熙《安平縣志》卷9《藝文詩》存陳宗石詩《家六謙過飲講學亭投予四章予亦漫成應》[8]，自注云"憶當年聚飲黎城"，表明陳奕禧曾自安邑去黎城，與陳宗石"聚飲"。若干年後，二人又相聚河北，比鄰爲官，一在安平，一在深澤。《安平縣志》卷9《藝文詩》亦存陳奕禧詩《子萬四兄招赴安平小飲講學亭》四章：

> 兄作黎侯國，予分夏禹都。尚嫌千里遠，猶得四年俱。好夢春池草，先飛北闕鳧。太行青隔斷，不敢報窮途（兄自黎城擢尹安平已七年，予今歲始自安邑來深澤）。
> 深澤銓新宰，相期望我來（兄與束鹿丞公大匡先生見深澤缺令，便望予，今慰所願，三人喜可知也）。忽看除目下，果并葺不栽。春月垂高柳，薰風暗綠槐。一朝騎馬到，真有笑顔開（兄與大匡曾至深澤快飲二日）。
> 潘岳栽花縣，文翁立講堂。從容多政事，暇日見文章。宦迹常深省，高亭共幾觴。清門遺美在，豈惜勉同行（兄建講學亭於黌宫，時相聚亭上，勖我爲政之道，故云）。
> 避炎聊解綬，倚話若憑舷。晚過城頭雨，涼生樹底蟬。吾兄真達者，萬類付陶然。此理誰能會，將詩寄惠連（時大匡以疾不至）。[9]

關於陳奕禧與陳宗石的關係，此詩及其自注至少給我們透露了以下三條信息：

其一，"兄作黎侯國，予分夏禹郡"，自注曰"兄自黎城擢尹安平已七年，予今歲始自安邑來深澤"。陳宗石康熙二十二年（1683）任安平知縣，故此詩作於康熙二十九（1690）。黎城，古稱黎侯國。安邑，即山西夏縣，曾是夏朝的都城。深澤，在河北，毗鄰安平。該年，陳奕禧從山西安邑來到河北深澤，由縣丞升任縣令[10]。

其二，"深澤銓新宰，相期望我來"，自注曰"兄與束鹿丞公大匡先生見深澤缺令，便望予，今慰所願，三人喜可知也"；"兄與大匡曾至深澤快飲二日"。大匡先生，即陳堂謀，字大匡，安徽桐城人，時任河北束鹿縣縣丞，與陳宗石、陳奕禧友善。由此而知，當時陳宗石和陳堂謀知深澤縣令有缺，傳遞消息給陳奕禧，希望他來深澤。陳奕禧到深澤後，三陳如願相聚，過往甚密，陳宗石與陳堂謀亦至深澤，曾與陳奕禧"快飲二日"。

其三，又自注曰"兄建講學亭於黌宮，時相聚亭上，勖我爲政之道，故云"。陳宗石在安平建講學亭，邀請陳奕禧來安平講學并相聚。

與此事有關者，亦見縣志卷9所載陳堂謀《庚午秋七月再登講學亭感賦四首》、高佑釲《庚午秋日陳明府招集講學亭四首》、陳履端《四叔攵捐俸構講學亭敬和原韵四首》詩。可見，陳宗石邀請陳奕禧來安平講學之事，發生在康熙二十九年庚午（1690）陳奕禧到任深澤不久。這段時間兩人往來頻繁，可以相信，明年（康熙三十年，1691）冬，陳宗石將崔敬邕墓志原石砌入鄉賢祠壁一事，陳奕禧是起了相當巨大及積極的作用的。何況在石刻和書法方面，及對崔敬邕墓志的認識上，陳奕禧比陳宗石更內行、更深入。此後陳奕禧不遺餘力地對該墓志進行傳播及推廣，更有理由使我們相信這一點。

注釋：

[1]張彥生：《善本碑帖録》，中華書局，1984年，第71頁。

[2][3][8][9]〔清〕陳宗石纂修《安平縣志》，清康熙二十六年（1687）刻本。

[4]〔清〕陳宗石纂修《安平縣志》卷10《雜紀志》："康熙十八年（1679），亢旱自夏迄秋末，無雨，禾稼盡槁，民多就食外境。"同[2]。

[5]〔清〕吳汝綸：《深州風土記》，清光緒二十六年（1900）文瑞書院刻本。

[6]葉奕苞云"常醜奴墓志在興平縣崇寧寺壁間"，參見葉奕苞《金石録補》卷9，清道光二十四年（1844）別下齋刻本。

[7]〔清〕王士禛：《分甘餘話》，張世林點校，中華書局，1989年，第61～62頁。

[10]王士禛云"子文近自安邑丞遷知深澤縣"。見王士禛《居易録》卷3，清康熙刻本。

陳奕禧及其師友

由於與陳宗石的特殊關係，對於崔敬邕墓志，陳奕禧是最早的見識者之一，而且他恐怕是清初的金石家中唯一一個親臨其地者。憑着深厚的金石素養及敏鋭的書法藝術眼光，在此後的傳播與推廣過程中，陳奕禧是一個無法替代的人物。説起崔敬邕墓志，是繞不開陳奕禧的，且怎麽説都不過分。歷史資料表明，陳奕禧的確在個中發揮了巨大的影響力和推動力，先後將其介紹給當時衆多知名的學者及金石家、書法家。

楊　賓

楊賓（1650～1720），字可師，號耕夫，別號大瓢，浙江山陰人，清初金石家、書法家、碑帖收藏家，有《鐵函齋書跋》《大瓢偶記》等金石名著傳世。作爲陳奕禧友人，楊賓有詩《寄題陳香泉使君天下第一郡樓》存世。陳奕禧去世後，楊賓作詩《亡友陳香泉》一章，用以志感。根據存世文獻資料，在陳奕禧一衆金石師友中，與楊賓的交往記録最詳盡。

陳奕禧與楊賓訂金石交，爲寓居蘇州期間。康熙四十五年（1706）及四十六年（1707）間，陳奕禧與楊賓先後流寓蘇州，在金石碑拓方面，多有切磋，互有貽贈。楊賓與陳奕禧、陳世泰父子訂交後交往的有關事宜，詳見康熙四十六年（1707）楊賓日記的記載：

七月二十三日，"拜陳子文，觀其藏帖，及所撰《金石遺文録》，留飲。飲畢，贈我《虞州集》十六卷、《天下第一郡樓記》一首、蔡夷吾蔡吉水贊墨拓"。二十四日，"陳子文來，觀藏帖。以《瘞鶴銘》《般若臺碑》《泉南佛國大字》《全閩第一江山》《王審知德政碑》《龍頭碑》《薛老峰碑》《東坡書方公墓碑》《新有社碑》贈之"。二十八日，"札贈陳子文《連江石鼓文》"[1]。

八月一日，"得陳子文報，貽我《壇山石刻》《白石神君碑》《崔敬邕碑》《曹景完全碑陰》"。二日，"札陳子文，得報。子文之子處一世泰來，觀法帖，書家藏九成宮跋"。三日，"答陳處一，示以《闕里元碑》。晤陳子文，及會稽王爾升、無錫朱贊皇，借《池北偶談》《晋稗》。子文贈我《郭敬之碑陰》"。五日，"札陳子文，示以《來齋金石考》《閩小記》，并以七佛《聖教序》索跋"。十七日，"札陳子文，歸其《晋稗》，得報"。十九日，"爲陳子文、王晋三、蔣瞻雲書額。札陳子文"。二十六日，"召潘稼堂、陳子文、陳處一、查又微、李殿公飲，潘、查以事不至。子文示我新得諸帖，見《陶隱居舊館壇碑》"。二十八日，"高義立來，遣僕引之謁陳子文。札陳處一，歸其册葉及《舊館壇碑》。書《建昌麻姑記》及《茶録》跋"[2]。

九月八日，"過陳子文，遇莊肇升，借潘稼堂《石淙詩序》《王居士碑銘》《法藏禪師塔銘》《梁師亮墓志銘》《重藏舍利記》《濮陽卜氏墓志銘》《支提龕銘》《永泰寺碑》《岳麓寺碑》《李思訓》《李秀碑》"。十日，"繆文子札借潘帖，札陳子文"。二十五日，"陳子文歸我《秘閣黄庭》及潘稼堂七帖"[3]。

十一月二十五日，"過陳子文，不值，值其子宗岱"。二十六日，"過陳子文，不值，還"。三十日，母入殮，"凡送殮者，陳子文、馮文子、陸籽宜而下十四人"[4]。

對以上楊賓日記所述，在此需要補充説明一下。八月一日，陳奕禧贈楊賓四種拓本中崔敬邕碑，即崔敬邕墓志。陳處一及陳宗岱，即陳世泰（1672～?），字宗岱，號處一，陳奕禧子，亦好金石，刻有《卜璧樓墨拓》。又，陳奕禧於該年二月底居蘇州，九月二十六日返鄉，故楊賓十一月多次訪陳奕禧"不值"。

關於陳奕禧贈崔敬邕墓志拓本之事，楊賓《鐵函齋書跋》卷4《崔敬邕墓志銘》亦有記載：

往見《居易録》載，安平令陳君掘地，得北魏崔敬邕墓志銘，求之不可得。

丁亥（康熙四十六年，1707）秋七月，陳香泉太守，忽以此碑拓本見贈，不禁狂喜。

唐以前碑，出土最遲者，在明萬曆間，則有漢《曹景完碑》、唐吳將軍《半截碑》。在今則有唐《蕭思亮墓志銘》《陳岩墓志銘》。此雖不及曹吳，然沉着蕩逸，自在蕭碑之上，若陳司徒瞠乎後矣。[5]

楊賓日記記爲當年八月一日得陳奕禧贈崔敬邕墓志，此處記爲秋七月，所差無幾，當爲同一樁事情。

陳奕禧傾心北碑，不僅傳播崔敬邕墓志，而且身體力行，願爲之先，書法亦學崔敬邕墓志，成爲書壇及金石界之美談。見陳奕禧《隱綠軒題識》之《論張猛龍碑》：

張猛龍碑亦不知書撰人名，其構造聳拔，具是奇才，承古振今，非此無以開示來學。用筆必知源流所出，如安平新之崔敬邕碑，與此相似。吾觀趙吳興能遍學群籍而不厭者，董華亭雖心知而力不副，且專以求媚，誰爲號呼悲嘆，使斯道嗣續不絕。古人一條真血路，及是不開，他日榛蕪，盡歸湮滅，典型淪墜，精靈杳然，後生聾瞽，能不再爲想邪？

顧亭林以崔浩及此二碑多奇字，不純率，有議論，僕故爲發明也。[6]

又見楊賓《大瓢偶筆》卷8《莫爲之後雖盛不傳》：

唐丞相休，書《圭峰禪師碑》，沉着謹嚴，得力於歐陽蘭臺、柳誠懸，而無初唐秀逸之致。今虞山馮氏派，莫不以《圭峰碑》爲師，以是《圭峰》碑拓，一時紙貴，幾如《廟堂》《定武》之在唐。余嘗謂，顧芸美學《夏承碑》，則《夏承》行；鄭谷口學《郭有道》，則《郭碑》行；朱竹垞學《曹全碑》，則《曹碑》行；陳香泉學《崔敬邕墓志銘》，則《崔敬邕》行；何屺瞻學《玄秘塔》，則《玄秘塔》行；今馮氏喜《圭峰碑》，而《圭峰》之行又如此。昌黎云："莫爲之後，雖盛而不傳。"信然，信然！[7]

另見楊賓《大瓢偶筆》卷6《康熙中書家》：

康熙中，海寧陳允文焄、陳允太焄、陳子文奕禧、朱人遠爾邁、楊嵒木中訥、楊語可、沈羽、侯子豐、鄭子政官治，聚十餘人爲臨池會。十日一舉，各攜所習，互相鑒定，散則留於主會之家。允文、端木俱有書名，允文書未之見。端木工草書，子文工行楷，尤爲京師所重。

陳香泉專取姿致，然與蘇州庫官王羽大書一條幅，沉着渾融，絶無輕佻之態。《阿雲舉尊人西公楞言碑》，學《崔敬邕墓志》，亦深厚有六朝氣。[8]

需要特别説明一下，楊賓此處兩次具體提到陳奕禧爲人寫字以崔敬邕墓志入書。前一次是爲蘇州一王姓官員書條幅，後一次是爲友人阿雲舉父親書碑文。阿雲舉即郭絡羅・阿金，字雲舉，滿族鑲白旗人，康熙三十年（1691）進士，陳奕禧友人[9]。

王士禎

陳奕禧業師王士禎（1634～1711），乃清初文壇盟主。其亦雅好碑拓，收藏頗豐，《池北碑目》爲王士禎殘存之收藏目録，計碑拓近七十件，其中漢唐名碑及宋人刻帖是爲大宗，少有六朝碑刻，但有崔敬邕墓志，記作"北魏崔敬邕志"[10]。雖陳宗石與陳奕禧同爲王士禎門人，都有可能奉贈拓片予王士禎，然基於陳奕禧熱衷於推廣崔敬邕墓志，以及捶拓墨本并將之贈予友朋之事見於記載，故筆者推測王士禎所藏"北魏崔敬邕志"爲陳奕禧所贈或許合理。

上海圖書館藏崔敬邕墓志端方本，存王士禎致朱彝尊書札一通（圖3）：

陳元孝人明後日回粵，光孝寺鐵塔題名屬其拓寄最便。有台札付來同發，何如？崔敬邕碑一通返上，祈查入之。竹垞老先生。弟士禎頓首。[11]

顯然，崔敬邕墓志拓本已通過王士禎傳播至朱彝尊，儘管朱彝尊與陳奕禧、姜宸英、楊賓、何焯等書法觀念不一，從而對以張猛龍碑及崔敬邕墓志爲代表的北碑書法價值的認識也不一。對於端方本是由兩半本合而成之，蔣祖詒甚至認爲：

此拓後半本，即陳香泉所藏原本見《居易録》者，香泉跋爲人移入王孝禹觀察藏本後，故此本僅存漁洋手札，陳跋上有"秦布之印""鏡亭""六研齋秘笈"諸印記，與此本册後所鈐者悉同，可證也。[12]

見王士禎《居易録》卷1：

陽羨門人陳宗石子萬，爲安平令，偶從田壟間掘得北魏崔敬邕墓志銘石刻。字類李北海，不著撰書人姓名。祖父名爵皆列碑題之前。[13]

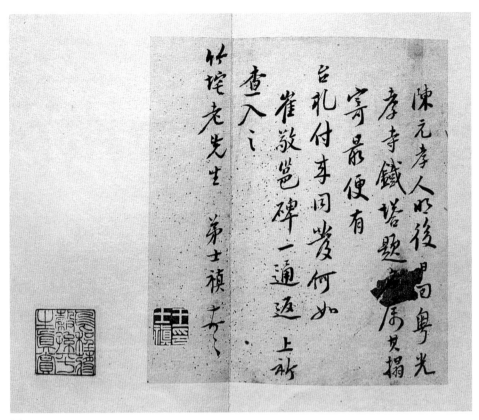

圖3

此後即録有墓志銘的全部釋文。這就是王士禎對崔敬邕墓志的著録。需要説明的是，王士禎"祖父名爵皆列碑題之前"云云，説明他那時見到的是整幅拓片，能明確知曉文字的排列順序。另見《居易録》卷28，存有陳奕禧在山西拓金文贈予王士禎的信息：

芮城陰氏得古鼎於冢墓中，高二尺餘，腹可容二斗許，脰有夔文，有銘，凡七十一字。陳子文奕禧拓之，譯得五十二字以示同官孔東塘尚任，譯得六十九字。然未敢遽信不疑也，姑録於此。（銘文略）右似是田獵歸而君臣宴享、公卿拜賜之詞，古篆與焦山文王鼎相類。[14]

陳奕禧拓示王士禎一款金文尚且如此，也要記上一筆，并與孔尚任所示相校勘，何況見到崔敬邕墓志銘乎？

王士禎一直與陳奕禧在碑帖方面進行交流，陳奕禧對肅府本《淳化閣帖》的研究也被王士禎寫入自己的著作《池北偶談》[15]，所以相信陳奕禧發現崔敬邕墓志後，對王士禎作了宣傳推廣，乃至贈予墨拓，是合理的。

姜宸英

姜宸英（1628～1699），字西溟，號湛園，浙江慈溪人，清初著名書法家、詩人、帖學理論家。亦陳奕禧友人。據今人張志遠《清初碑帖思想的嬗變與趨嚮》：

姜宸英、陳奕禧二人書法交流不僅開始較早，而且頻繁，持續時間長。二人常贈詩互和，交流心得。康熙十五年（1676），姜宸英曾到陳奕禧位於浙江海寧的拙閑堂雅聚，"酒闌燈灺，終夜談藝輙不復卧"，一同鑒賞姜氏帶來的鮮于樞草書及《蘭亭》《舊拓寶晋齋》。陳奕禧評姜書清逸氣息深諳其藏之韵，有"前輩瀟灑風度"。康熙三十四年（1695）年七月，姜氏與唐實君、趙文饒等人在陳奕禧舍設酒送查昇赴中州。康熙十七年（1678），陳奕禧得一小官職，姜宸英認爲與才能不符合，陳奕禧却并不在意功名。[16]

最後一事見姜宸英《陳六謙之任安邑詩序》：

戊午（1678）冬，予友海寧陳子六謙謁選得安邑丞以去，致贈詩至數十篇。或謂陳子才地高，宜得腏仕，不宜沿牒爲州縣小吏。予讀諸君之詩，知其所期於陳子者或不在是也。[17]

在北京，姜宸英與陳奕禧交游唱和事迹，見馮貞群《姜西溟先生年譜》[18]。一是康熙三十四年（1695）三月，姜宸英與陳奕禧等十數人至興勝寺看杏花以及社飲寄園。二是康熙三十七年（1698）夏，輦下諸名人合作《芷仙書屋圖》，畫者三十人，詩者六十人，姜宸英與陳奕禧位列其中。

在書法及帖學理論方面，姜宸英與陳奕禧驚人一致，他們均崇尚碑刻，尤其北朝碑刻，希冀以篆隸爲本，追求帖外之法。雖然存世文獻資料中尚未發現姜宸英對崔敬邕墓志的評論，但陳奕禧或許也曾對其談及此志的書法價值，這樣的推測亦是合理的。

何　焯

何焯（1661～1722），字潤千，改字屺瞻，號義門，人稱義門先生，江蘇長洲人，著名學者、書法家。何焯亦陳奕禧友人，曾專門作跋《魏營州刺史崔敬邕志》：

入目初似醜拙，然不衫不履，意象開闊，唐人終莫能及，未可概以北體少之也。六朝長處在落落自得，不爲法度拘局。歐虞既出，始有一定之繩尺，而古韵微矣。宋人欲矯之，然所師承者皆不越唐代，恣睢自便，亦豈復能近古乎？山谷稍點跳而學瘞鶴銘，故能倔強一時。康熙丙戌（四十五年，1706）夏雨，焯漫記。[19]

何焯與陳奕禧多有往來，亦爲陳本人法書摹勒上石刻帖，作《予寧堂法帖跋》：

歐陽子論凡學書者，得其一可以通其餘，殆非狹陋者所知。蓋古之人研討者博，斯擅名一體矣。然自晋永嘉而後，派別遂分南北，洎唐開元以降，風尚乃殊肥瘦。競保偏詣，互致非許，會萃眾妙亦復罕值其人。國朝書學遠邁前軌，香泉先生尤足雄長一時，搜集金石文字，視《金薤琳琅》《石墨鐫華》諸編不啻倍焉。當其下筆，上下古今，舉篆籀、分隸、章草、行押之奧，無所不有。昔米元章悉收六朝妙處，醞釀筆端，幸得先生爲主盟，豈恨今無古人也。余於古碑刻每見所未見，彌服先生之廣大。今先生書方勒之石，承學者獲之而坐臥耽玩，即古今諸體不可由之以通乎。康熙甲申（四十三年，1704），長洲何焯題於語古小齋。[20]

何焯還從陳奕禧處借閱碑拓，見何焯《與楊大瓢書》云"舊館壇碑已從香泉先生借閱"[21]。

可以推想，何焯的崔敬邕墓志拓本似得自陳奕禧，至少於陳奕禧處見崔敬邕墓志墨本。

其　他

陳奕禧在南京時，爲推廣傳播崔敬邕墓志，特出自己所藏拓本二十件留在當地，進而引發南京書壇文壇傾心摹仿、努力研習之風。關於此事，見南京博物院藏本之潘寧跋（圖4）：

北魏崔貞公志銘，閱至我朝陳香泉宰安平時，始出於土壤，朝士爭欲致之，拓無虛日，未及二十年而石已裂盡。迨香泉補南安守，特出舊貯廿本留傳於白下，善鑒者評爲妙在張猛龍、賈使君兩碑之上。於時邊甫作長歌，志山、岡南以下七八人皆傾心摹仿，獨志山參以褚法，自成一家書。此卷乃志山田先生臨池相對之舊本也。其嗣公知迁伯慕之，舉以爲贈。迁伯愛其書法直接元常，既已珍同希世，又摩其小篆標題，恍若老成之尚在也。以余嚮在白下，知此銘宜悉，俾紀以數言，爲書其始末如此。雍正乙卯歲（十三年，1735）二月，山陰潘寧識，時年七十有五。[22]

此跋對於崔志原石以及拓本的研討均十分重要，它帶給我們的信息是多方面的。尤其需要附帶説明一下：據王士禛《分甘餘話》卷3云陳奕禧“戊子補任南安”[23]，故陳奕禧補江西南安知府，時在康熙四十七年（1708），爲其暮年。由於陳奕禧“特出舊貯廿本留傳於白下”，導致研習者甚眾，其中有“志山、岡南以下七八人皆傾心摹仿”。志山，即田林[24]，此南博潘跋之本即其所藏，當爲陳氏“留傳於白下”二十本之一。岡南，即蔡岡南。陳奕禧一次能出舊藏二十本“留傳於白下”，説明當年在安平椎拓了很多，以備日後之需，用於對崔敬邕墓志的推廣和傳播。

潘跋所言“遷甫爲作長歌”者，即先著（1651～？）。徐世昌《晚晴簃詩彙》卷33曰：“先著，字遷甫，江寧籍瀘州人。”[25]先著爲大畫家石濤、南博本的舊藏者田林（志山）以及蔡岡南之摯友，有《之溪老生集》存世。該集卷5所收《安平志石歌》，應即此處潘跋所説之“長歌”，全文如下：

安平發地得志石，瑰寶千年一朝出。惜哉不著書者誰，字題完全逾七百。臨清縣男秩大中，龍驤將軍魏持節。鋪張事行文甚卑，歷仕生平皆要職。起家太和卒熙平，崔公悠悠眠白日。其時北魏猶未分，轉眼河陰禍將及。犖窣微殺蠶繭勻，小大依稀如《禊帖》。錐沙印泥矜點畫，激石縈泉具波撇。矯如驚鴻論體勢，麗若簪花見標格。顔筋柳骨未可當，何論今人萬分一。當時代北有中原，解慕華風多變革。想見時賢總善書，不獨南朝稱冠絕。嗚呼神物顯有時，恰值一南兼一北。我曾秋晴游攝山，五里山南踏荒陌。遙望豐碑在野田，石碎邪存失行列。繞溪而过睹之驚，梁代至今存舊額。始興忠武梁懿親，墓前刊碑頌功德。徐勉撰文貝氏（義淵）書，額孔中穿如古式。肩吾《書品》殊不備，尚書清名還鮮匹。仰觀側立勢甚危，欲仆有如人罄折。年深莫避風雨侵，石泐但嗟文字缺。欲尋丘壟地已平，灌莽森森轉蕭瑟。顛狂失足隳寒溪，濕盡衣襦何足惜。由來郡志不知載，在昔游人少親歷。此碑近在耳目間，金石諸家搜未得。千緝一部收《絳帖》，《定武》數行如趙璧。何如親見六朝人，宋拓唐摹俱削色。思之不得夢魂勞，言之在口空嘆息。延昌熙平魏已衰，天監普通梁兆滅。老公惑溺既捨身，妖后淫凶終下髮。積薪厝火未及然，豈悟須臾有崩裂。兩地公卿大葬同，等事虛文復何益。高歡陸梁侯景來，關洛江淮盡流血。法書至

15

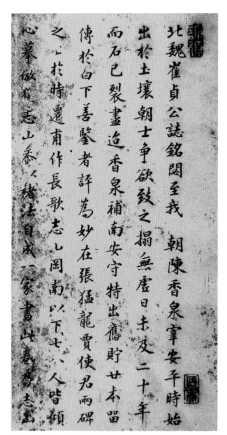
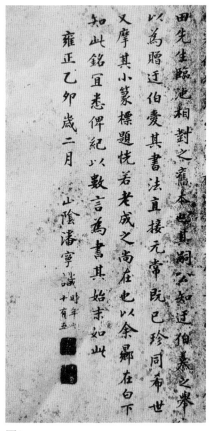

圖4

寶那不愛，信史明徵尤可惻。有客來自古安平，貽我一本好楮墨。雖然不比初拓强，急煩高手裝成册。會當拓得始興碑，與此珍藏同什襲。[26]

長歌末尾曰"有客來自古安平，貽我一本好楮墨。雖然不比初拓强，急煩高手裝成册。會當拓得始興碑，與此珍藏同什襲"，即謂陳奕禧自安平來南京贈其崔志拓本一事。先著《之溪老生集》又存詩《和潘仲寧得山谷石刻和東坡韻題郭熙畫》《游鍾山龍泉庵同田志山徐祖蒼朱福茲僧不愚（去庚戌十八載）》《夜歸口號柬志山》《東坡眉州遠景樓記志山爲書屏風賦此謝之》等[27]，涉及先著在南京與潘寧（潘仲寧）及田林（田志山）交游唱和諸事。

先著善鑒賞碑帖。前年於拍場見一北宋拓集王書三藏聖教序，存先著手書題跋：

16

少時於邵宗元老道士處見一本，是閩中宋比玉物。雖心知爲完本之佳者，然未知爲希世之珍也。其後五十年間所見皆不逮，始追想如阿閦佛國一現不得再現。今睹此本，殆難爲伯仲矣。老眼何幸，又得見茲神物，觀止於此，不敢復存他想矣。之溪先著。[28]

先著《之溪老生集》另存詩《次答蔡岡南贈畫及詩》《和岡南典裘》《題蔡岡南攝山秋游圖》《柬岡南惠燒春》《苦齋柬蔡岡南兼致徐子貫》《同王伯佐徐肇康蔡岡南周儀一集種紙庵》《蔡岡南移居（云是徐子仁舊址）》等[29]，透露出些許有關蔡岡南的信息，即蔡是先著友人，擅長書畫，諒亦當時南京詩文書畫圈中人物。明代戲曲家、書畫家徐霖，字子仁，蘇州人氏，定居南京，其所築快園時爲南京名園，後爲蔡岡南寓所。有關蔡岡南移居徐霖故園，除了先著詩外，金鰲《金陵待徵錄》亦有記載[30]。蔡岡南作爲書畫家，亦收藏碑帖，姜宸英曾爲其所藏拓本題跋[31]。

注釋：

[1][2][3][4]〔清〕楊賓：《楊賓日記》，柯愈春主編《楊賓集》，浙江古籍出版社，2012年，第435～436頁；第436～440頁；第441～444頁；第451～452頁。

[5]〔清〕楊賓：《鐵函齋書跋》，柯愈春主編《楊賓集》，浙江古籍出版社，第371頁。

[6]〔清〕陳奕禧：《隱綠軒題識》，蔣光煦編《別下齋叢書・涉聞梓舊》第2冊，廣陵書社，2016年，第1439～1440頁。

[7][8]〔清〕楊賓：《大瓢偶筆》，柯愈春主編《楊賓集》，浙江古籍出版社，第337頁；第304頁。

[9]參見吳坤培：《陳奕禧書法觀念研究》，華東師範大學碩士論文，2011年，第21～22、32、35～36、38頁。

[10]〔清〕王士禎：《池北碑目》，道光十二年（1832）東武劉氏味經書屋鈔本，山東文獻集成編纂委員會編《山東文獻集成》第1輯第28冊，山東大學出版社，2006年，第145頁。

[11][12]《崔敬邕墓志》，上海圖書館編《翰墨瑰寶：上海圖書館藏珍本碑帖叢刊》，上海古籍出版社，2006年，第42～43、58頁；第46頁。

[13][14]〔清〕王士禎：《居易錄》，清康熙刻本。

[15]〔清〕陳奕禧：《皋蘭載筆》，見王士禎《池北偶談》卷19《談藝九》："予記陳卓曼仙補刻肅府淳化閣帖事，門人海寧陳奕禧子文適寄所著《皋蘭載筆》至，中述蘭帖始末甚詳，采錄其略，用備參考。"〔清〕王士禎：《池北偶談》下冊，靳斯仁點校，中華書局，1982年，第455頁。

[16]張志遠：《清初碑帖思想的嬗變與趨嚮：以姜宸英、陳奕禧等書家群體爲研究中心》，河海大學出版社，2021年，第54頁。

[17]〔清〕姜宸英：《姜宸英全集》第1册，雍琦整理，浙江古籍出版社，2016年，第98頁。

[18]同[17]，第4册。

[19][20]〔清〕何焯：《義門題跋》，蔣光煦編《別下齋叢書·涉聞梓舊》第2册，廣陵書社，2016年，第1433頁；第1432頁。

[21]〔清〕何焯：《義門先生集》，清宣統元年（1909）平江吴氏刻本。

[22]《崔敬邕墓志》，上海書畫出版社，2000年，第17～18頁。

[23]〔清〕王士禛：《分甘餘話》，張世林點校，中華書局，1989年，第61頁。

[24]有關於此，見下篇之《田林與翁振翼》。

[25]徐世昌：《晚晴簃詩彙》上册，傅卜棠編校，華東師範大學出版社，2009年，第190頁。

[26]〔清〕先著：《之溪老生集》卷5，《清代詩文集彙編》第182册，上海古籍出版社，2009年，第77～78頁。

[27][29]〔清〕先著：《之溪老生集》，《清代詩文集彙編》第182册，上海古籍出版社，2009年。

[28]杭州西泠印社2021年秋季拍賣會，0343號拍品。

[30]金鳌《金陵待徵録》卷3：“快園。徐子仁後蔡岡南居之，今不知幾易姓矣。小西湖，宋屬青溪，明屬市隱。《吕志》則屬此園，未知何據。予幼時見烏龍潭一旗亭榜曰‘何必西湖’，嘗見賞於周幔亭。”見氏著，南京出版社，2009年，第88頁。

[31]姜宸英《題黄庭經》：“《黄庭經》，或云是右軍换鵝書，或云换鵝者是《道德經》，非《黄庭》也。自陶宏（弘）景始以此書與《樂毅論》并稱，爲右軍有名筆迹，後入唐宫中，武平一所見是扇書，恐别是後來臨本矣。至神龍中，太平公主取歸，太平之敗，以賂岐王，其書亦旋散失。開元五年，購得右軍正書三卷，第一是《黄庭》。後函關失守，内庫法書復散落人間。事平，遣使搜訪，獨未得《黄庭》真迹，相傳爲張通儒將向幽州，莫知去處。據此，則《黄庭》自唐中葉散失已久，後人摹刻者不知竟是何本。余所見宋拓非一，此白下蔡岡南兄所寶藏，其彩色鮮好，余展卷嘆賞，留置案頭，臨摹再過，不識與真迹相去幾許。若摹刻，則近來收藏家殆未有過之者也。岡南屬余以數言題後，并記其始末如此。”〔清〕姜宸英：《湛園題跋》，載蔣光煦編《別下齋叢書·涉聞梓舊》第2册，廣陵書社，2016年，第1422頁。

孔氏刻帖及原石亡佚

出於對碑拓版本的考量，碑帖校勘家對原石亡佚的時間甚爲關注。對於崔敬邕墓志原石的亡佚，基本有三種觀點。一是衹籠統説已佚或久佚，如方若"舊在直隸安平，已佚，原拓絶不易得"[1]；如趙萬里"清康熙間出安平，久佚"[2]。二是明確説出土後不久即佚，如羅振玉"此石康熙間出土，不久即佚"[3]；如楊震方"清康熙年間在直隸安平出土，出土時一字不泐，而移置安平學後，不久即佚"[4]；如王壯弘"石清康熙年間出土，旋即佚失"[5]。此兩種觀點較接近，認爲較早就佚失。三是原石嘉慶亡佚説，在此值得詳細討論。持此説者爲張彥生先生及仲威先生。碑帖校勘家、鑒賞家中，張彥生先生首倡此説：

（康熙）卅年（1691）縣令陳宗石砌入鄉賢祠，嘉慶中縣令罷任時携去，石佚。[6]

仲威先生繼續之：

嘉慶中某縣令罷任時，携此墓志離去，後墓志下落不明，拓本稀見。[7]

原石嘉慶亡佚説在業界内具有相當的影響力。經檢，此説最初的來源似爲吳汝綸《深州風土記》。清同治時，深州爲直隸州，領武强、饒陽、安平三縣。《深州風土記》卷11上《金石》：

右志石，康熙十八年（1679）安平民於黄城崔公墓旁里許穿井得之，三十年（1691）冬知縣陳宗石砌入鄉賢祠壁。今石久亡，海内收藏家尚多有拓本。近安平閣檢討志廉在京師見雙鈎本，有跋云"嘉慶中某令罷任，携此石以去。其文具見《康熙安平志》及孫淵如所輯《續古文苑》中，兹録存之。石則不知所往"。蓋金石有時而敝，惟托於文字者爲可久也。敬邕《魏書》附《崔挺傳》。孝文時兼吏部郎，《魏書》不載。碑云"東朝步兵"者，即史所謂太子步兵校尉也。碑云"中山王長史"，中山王英也。史云"英南討引爲都督府長史"，是其事也。其拜征虜將軍大（太）中大夫，碑在延昌四年，史云"熙平二年"。其卒，碑在熙平二年，史云"神龜中"。其謚，碑云貞，而史云恭。皆乖互不合，當以碑爲正。[8]

又見光緒十八年（1892）閏六月《袁昶日記》：

魏營州刺史崔敬邕墓志，康熙中出土，在直隸安平縣。刁志熙平二年十月，崔志二年十一月，文體書體如出一手。聞此石一土人輦歸南蘭陵，今失之。李眉生提刑有拓本。此石道正婉麗，足洗造象之粗陋。北朝自有佳書，具眼人辨之。刁崔二志并以三世名諱官閥，提行列於序首，妻及兄弟子息綴之石陰。竹汀錢先生跋，疑其似行狀，式爲墓志變例。[9]

袁昶所持"聞此石一土人輦歸南蘭陵，今失之"之説，或爲吳汝綸説法之變種，足見吳説頗有影響，乃至最終影響到當代碑帖鑒賞家。

關於志石的出土，經對照，張彦生文與吳汝綸文一處有别，張文將"安平民於黄城崔公墓旁里許穿井得之"誤爲"縣人黄城於崔墓里許掘井得之"。《深州風土記》此段文字一字不落地被趙萬里轉鈔録入《漢魏南北朝墓志集釋》，同時趙著還録其他前賢著作的有關文字，如何焯《義門先生集》卷8、武億《授堂金石文字續跋》卷1、趙紹祖《古墨齋金石跋》卷2、黄本驥《古志石華》卷2、李宗蓮《懷岷金舍金石跋尾》、鄭業斅《獨笑齋金石考略》卷3。疑義相與析，趙著并没有表現出對《深州風土記》中説法的贊同，他簡要地寫道：

崔敬邕墓志，熙平二年十一月二十一日。志正書。清康熙間出安平，久佚。前人謂原石祖父名列於題銜前，魏志無此例，疑莫能明也。此志拓本殊罕見，孫星衍《續古文苑》卷十六據《谷園摹古帖》移録志文，似亦未見原拓。[10]

諒張彦生文字源自趙著。顯然，"嘉慶中某令罷任，携此石以去"，衹不過是吴汝綸在地方志乘中所記安平人閻志廉在京所見一雙鈎本的跋語，并未定論，僅僅存一説耳。吴汝綸在書中卷10《古迹》僅僅説"今石已亡"[11]，并未明確持何種觀點。未嘗料想到這一説法經趙萬里《漢魏南北朝墓志集釋》的録入，又經張彦生轉述，成爲崔敬邕墓志原石亡佚的一個代表性説法。依筆者之見，此説不確。

乾隆時，曲阜孔繼涑（1727~1792），廣泛搜集名家法書，刻意鑒別，臨摹勾繪，刻成《谷園摹古法帖》，頗具影響。關於孔氏及此帖的詳細介紹，見張伯英先生跋：

谷園摹古法帖十八卷，曲阜孔氏本。清孔繼涑輯。繼涑字信夫，號谷園，宣聖六十九世孫，爲張文敏照之婿。文敏以書名天下，君傳其法，書學既深，收藏亦富，有鑒別之識，取前人碑帖重刻，故曰"摹古"，無卷數次第。唐李北海麓山寺、李思訓碑各一卷，群玉堂帖一卷，雜帖四卷，宋蘇黃米蔡四家十一卷。此帖以宋四家爲大觀，多取材於三希堂，三希之蘇黃僞帖此頗删汰，蘇書子由夢李士寧一則，則删之未盡者。登臨覽觀十六行出快雪堂，題郭熙山水二絶出式古堂，正輔老兄一札出翰香館，皆僞迹。米黃二家無僞者。唐太宗哀册、汝南公主志，皆列之米書，視他刻之目爲虞褚，較爲適當。所惜季直表、右軍千文之類，仍雜厠於真迹中，未肯割棄，爲遺憾耳。群玉堂有包孝肅一札，書不爲工，却是宋人體格，可訂南雪齋本張瑞圖僞造包書之謬。刻帖於近代人書摹勒易肖，古碑則不唯神韵難傳，即形似亦不易得。後魏崔敬邕志，筆勢矯變，不可方物，重刻則軟滑，大異原石。北海二碑，形貌粗具。孔氏家中僕役多能鐫石，雖重摹古碑未盡精采，不能比原本，宋以後帖則大都可觀，勝俗刻遠矣。[12]

孔氏《谷園摹古法帖》的詳細目録，見容庚《叢帖目》，記收入石刻共五種，分載於第一、三、四、五卷，具體如下：第一卷，漢華山碑、漢石經殘碑（尚書、論語各兩本）；第三卷，崔敬邕墓志（陳奕禧跋）；第四卷，李邕麓山寺碑；第五卷，李邕李思訓碑。第三卷除崔敬邕墓志外，還載有王羲之快雪帖（趙孟頫跋）、行穰帖、彼土帖、瞻近帖、龍保帖、袁生帖、桓公帖、謝書帖、曹娥碑（懷素等觀款，趙構、趙孟頫、虞集跋）、智永張衡歸田賦等，此卷即張伯英稱爲"雜帖"之一者[13]。

中國國家圖書館所藏孔氏《谷園摹古法帖》中崔敬邕墓志（圖5），計十開，前爲王羲之小楷曹娥碑，後爲智永張衡歸田賦[14]。將崔敬邕墓志摹入《谷園摹古法帖》，本身對其就是一個很高的評價。整部法帖書帖者，除第三卷的王羲之、智永之外，其他各卷爲鍾繇、柳公權、蘇軾、黃庭堅、蔡襄、米芾、趙孟頫、迺賢，這是一個豪華得令人咂舌的陣容。除崔敬邕墓志之外，孔氏所摹入的碑刻，因底本至今皆有原本或印本傳世，故而得知它們均是一流的善拓古本，其中：華山廟碑存世僅四本，爲頂級善本；熹平石

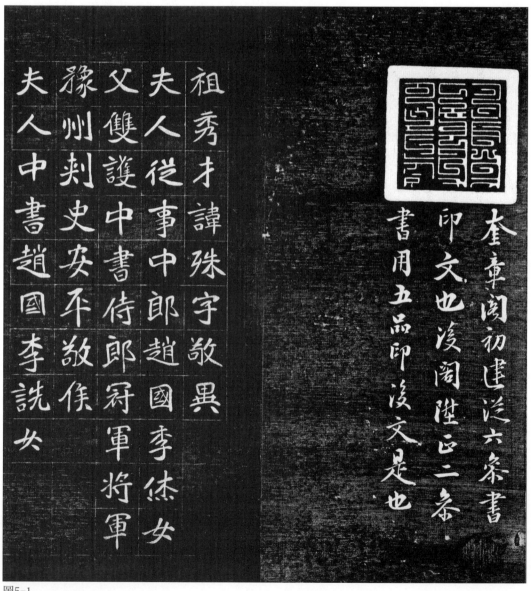

圖5-1

經殘石爲舊本，傳爲宋拓；麓山寺碑和李思訓碑，均爲南宋拓本。而崔敬邕墓志并不是古本，僅僅是康熙拓本，竟然能厠身其間，除了書法精絕高妙外，至少得符合兩個最基本的條件：原石已經亡佚，存世拓本極罕。故王瓘有言：

崔敬邕志原石久軼，孔谷園曾刻入《摹古帖》中，其時之珍重可知。[15]

孔氏《谷園摹古法帖》麓山寺碑之原拓底本，同治間歸孔廣陶，晚清民國間歸寶熙，民國有珂羅版影印本多種，存孔繼涑親筆手書題記云"辛丑（1781）七月之望，谷

圖5-2

園孔繼涑雙鈎刻入摹古帖"[16]。該年，即乾隆四十六年（1781），爲孔氏摹刻《谷園摹古法帖》的具體時間。此時，崔敬邕墓志原石必定早已亡佚，不然孔繼涑不會鄭重其事地將之摹入叢帖。

上海朵雲軒藏有崔敬邕墓志，舊稱費念慈本，存嘉慶己巳（十四年，1809）戴光曾跋，言"魏崔敬邕墓志銘，康熙間始出安平土中，拓本絕少"[17]。又陳豫鍾（秋堂）乾隆乙卯（六十年，1795）跋，述自趙魏處借臨此拓本并轉錄乾隆時金文淳跋，記錄乾隆二十二年（1757）賞鑒崔敬邕墓志墨拓一事，時人極爲珍視。金文淳（1706～1772），

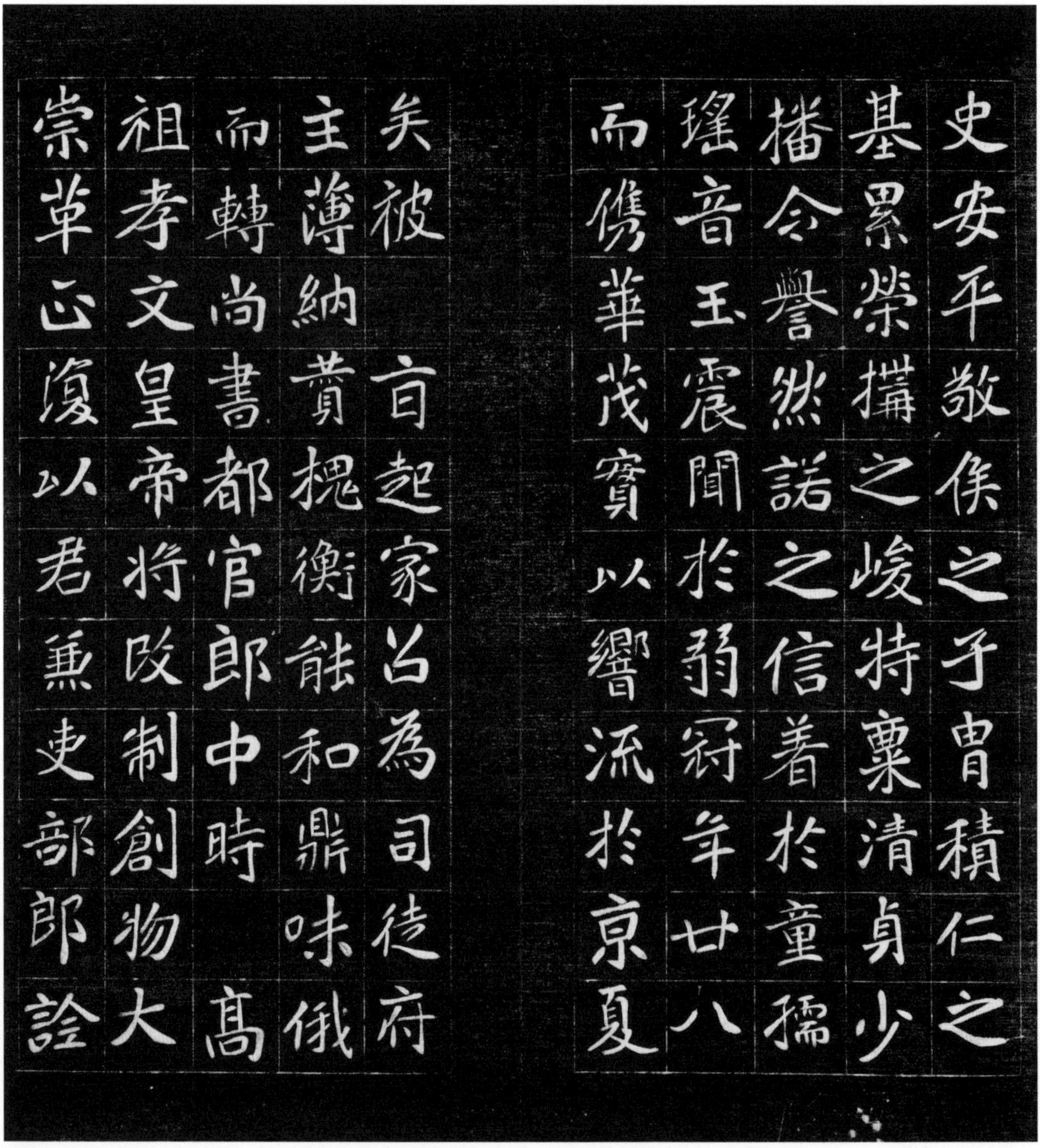

圖5-3

字質甫，號金門，錢塘人，碑帖鑒賞家。乾隆元年（1736）舉人，四年（1739）進士，選翰林院庶吉士，散館授編修，八年（1743）任錦州知府。顯然，乾隆二十二年（1757），崔敬邕墓志拓本已罕甚，為人所重，想必原石早已亡佚。故王瓘亦有言：

> 崔敬邕墓志，康熙間出土直隸安平，載在志乘，人皆知之。第佚於何時，殊不可考。有謂某邑令輦去者，亦未見確據也。曩見孔谷園摹古藏真帖，已有重刻本，知彼時已不易矣。[18]

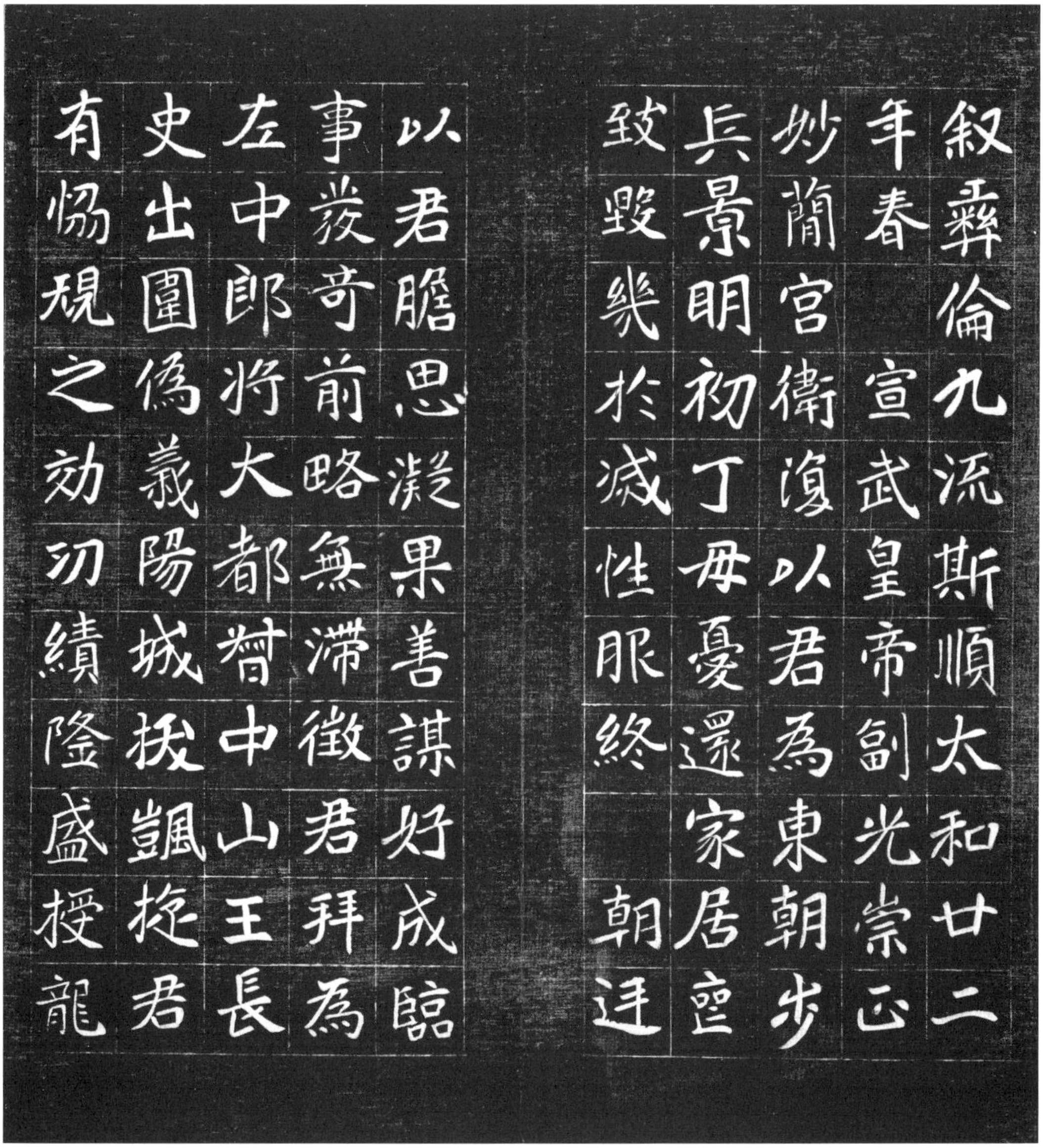

圖5-4

所以，崔敬邕墓志原石亡佚的時間可能更早。南京博物院藏本之潘寧雍正十三年
（1735）跋，言崔敬邕墓志"未及二十年而石已裂盡"[19]，是可能的。依照康熙三十年
（1691）冬陳宗石將志石砌入鄉賢祠壁之日計算，潘寧言"未及二十年而石已裂盡"，
則表明石或亡於康熙末年。筆者傾嚮於此説，要不然乾隆年間拓本不會如此珍貴。又，
李葆恂所持觀點類同，其曾跋崔敬邕墓志曰：

此志初出土即爲人嵌於祠壁，約拓百餘本即損壞，香泉太守手跋本孔氏重刻於《玉

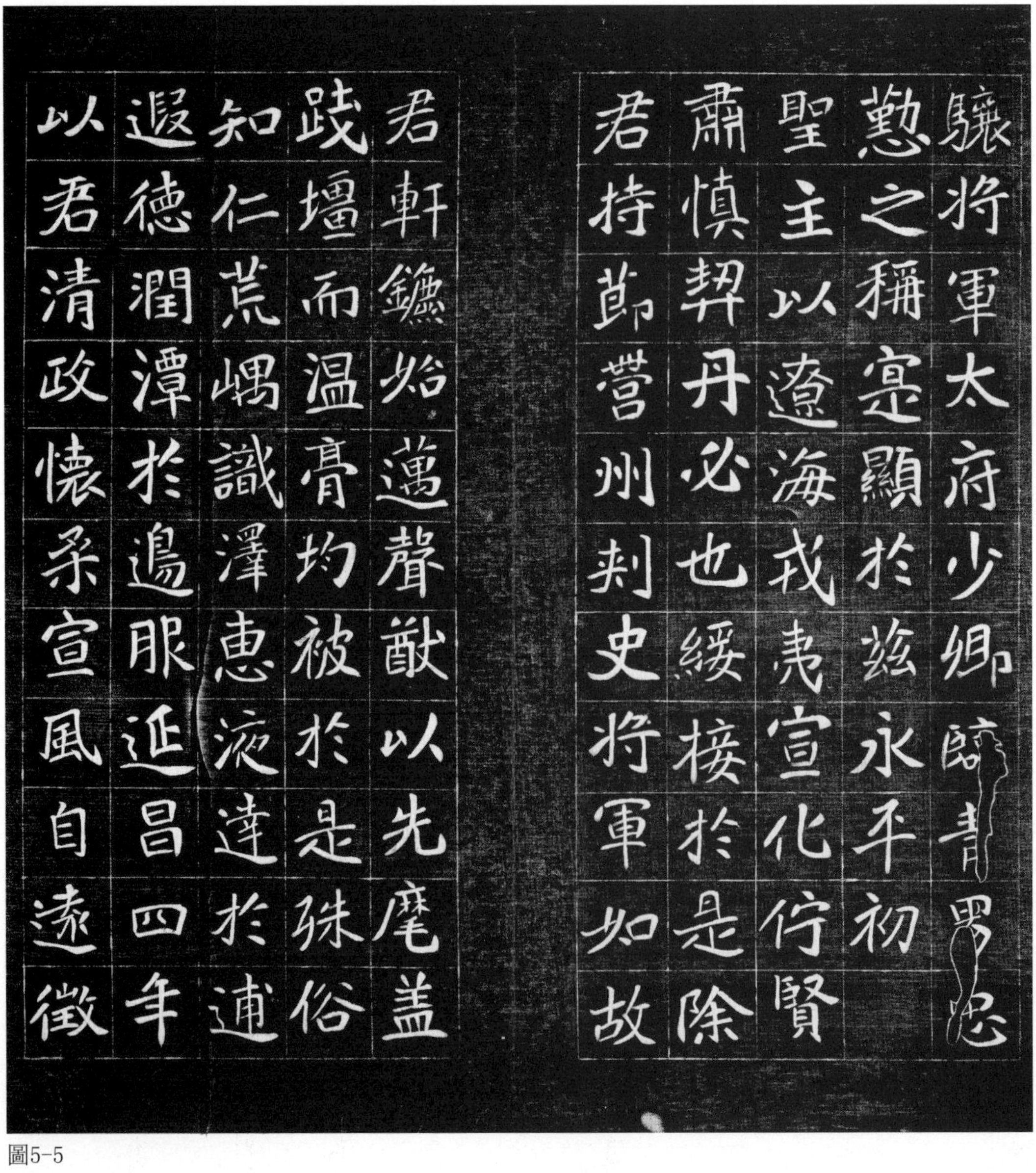

圖5-5

虹樓摹古法帖》中，較此刻遠遜，是此刻足爲臨書模範，何必原石始堪寶貴耶。[20]

至於嘉慶年間亡佚之説，則是不可信的。

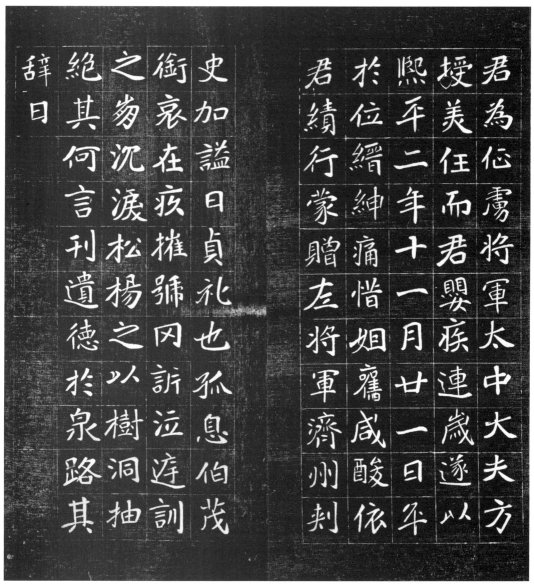

君為佽胄將軍太中大夫方

授美任而君嬰疾連歲遂以

熙平二年十一月廿一日卒

於位縉紳痛惜姐孀咸酸依

君績行蒙贈左將軍濟州刺

史加諡曰貞礼也孤息伯茂

銜哀在疾摧躃罔訴泣連訓

之歲沉淚松楊之以樹洞抽

絶其何言刊遺德於泉路其

辭曰

圖5-6

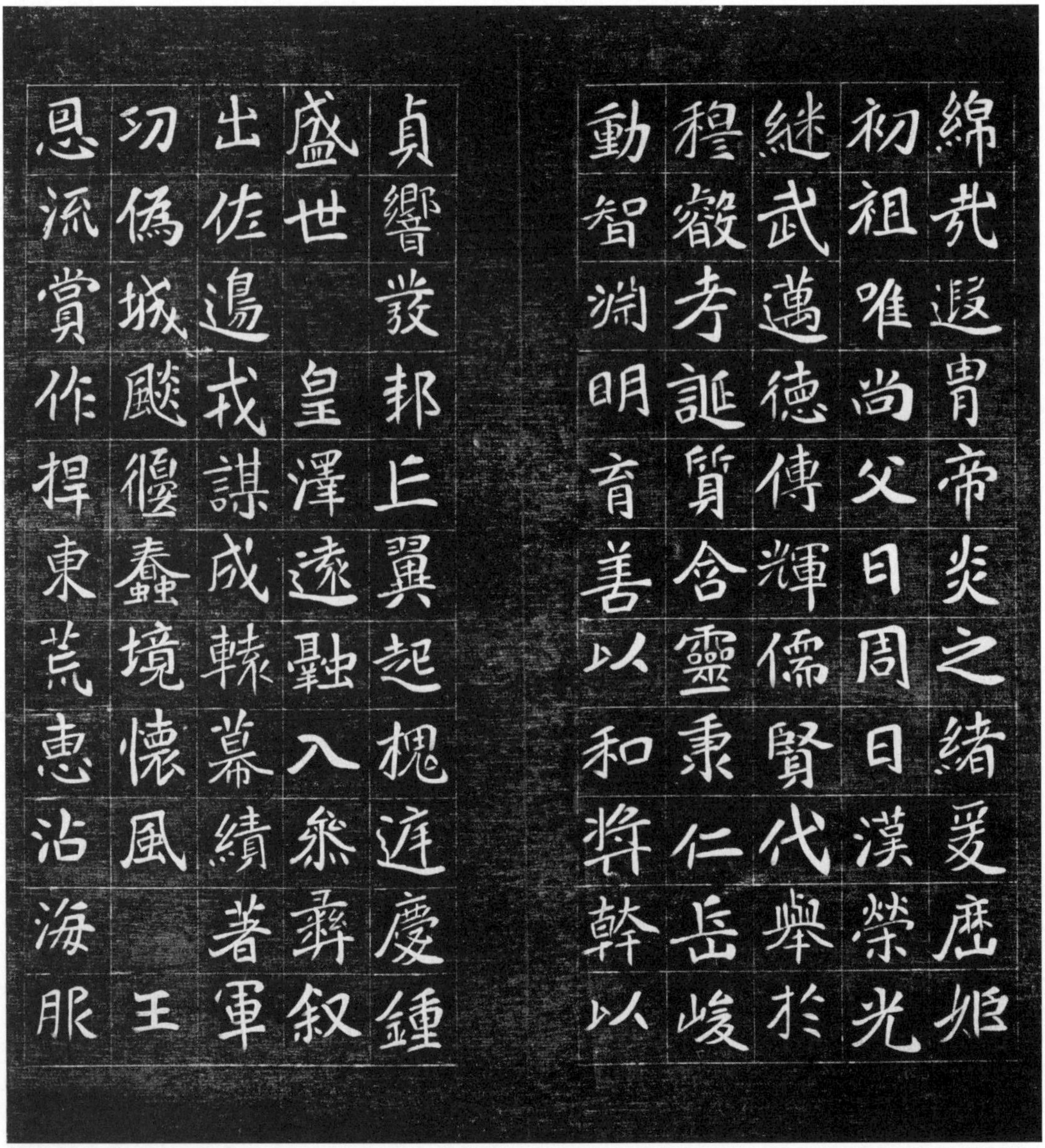
綿艽遐胄帝炎之緒爰歷姬
初祖唯尚父日周日漢榮光
繼武邁德傳輝儒賢代舉於
穆嶽考誕質含靈秉仁岳峻
動智淵明育善以和將幹以
貞響蕤邦上翼起槐庭慶鍾
盛世　皇澤遠融入叅彝敘
出佐鴻戎謀成轅幕績著軍
刃偽城飈優蠢境懷風　王
恩流賞作捍東荒惠沾海服

圖5-7

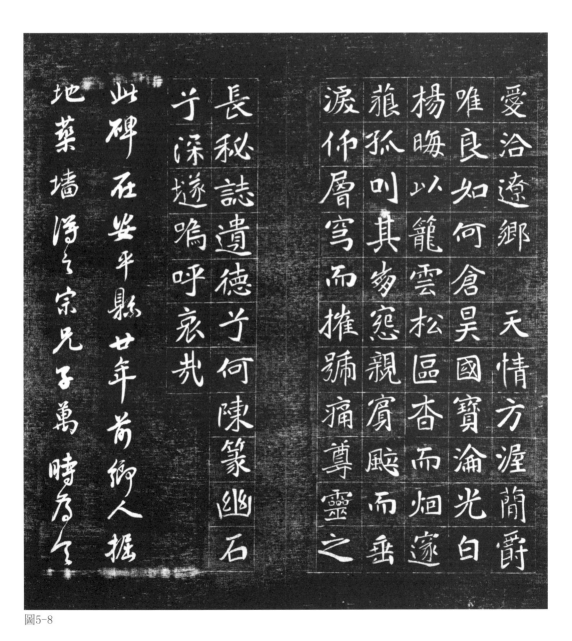

圖5-8

圖5-9

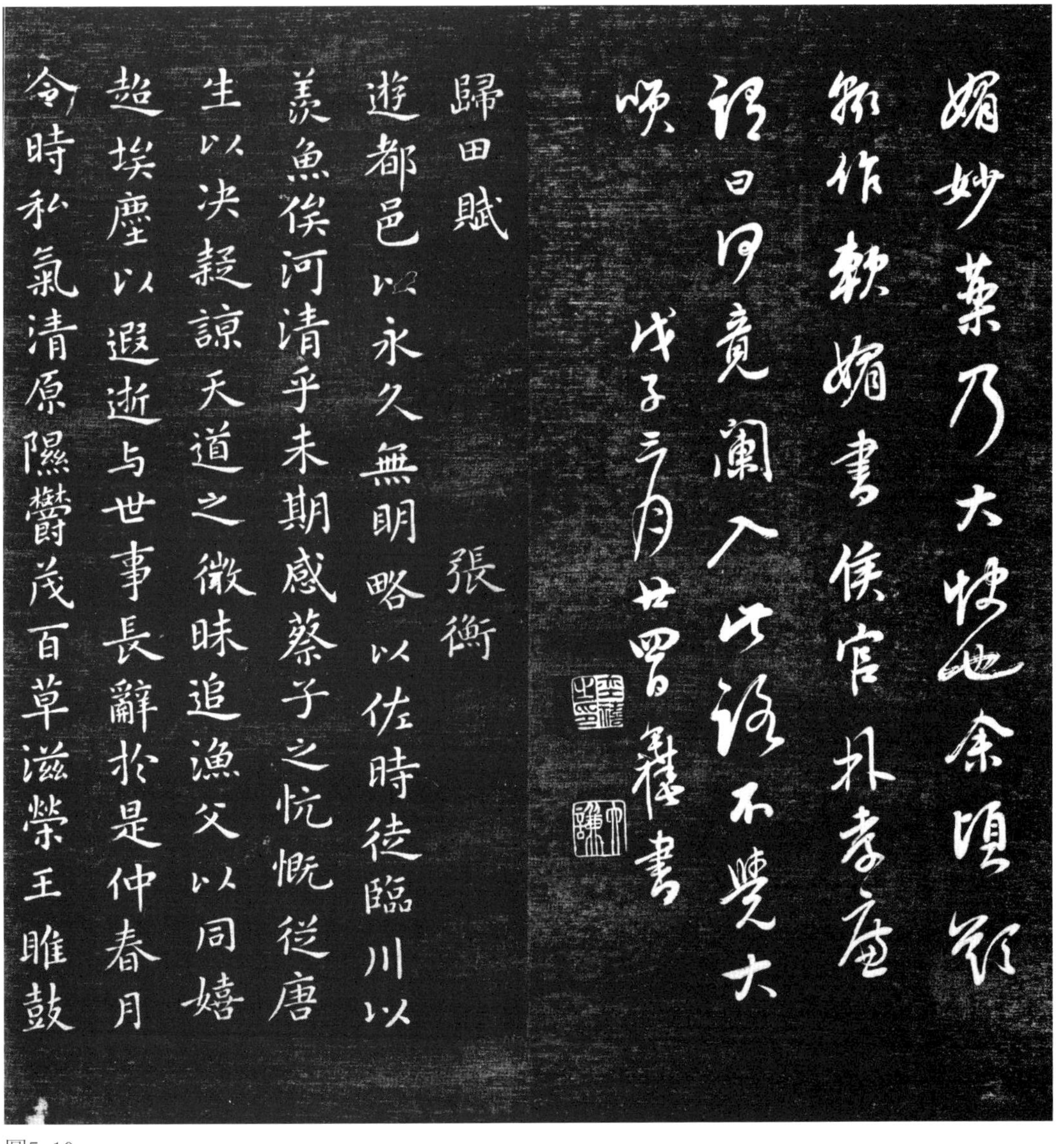

媚妙葉乃大悖也余頃歲

郊作頹媚書侯官朴孝庵

詔曰日竟闌入小詮不覺大

頗　　戊子三月廿曾崧書

歸田賦　　　張衡

遊都邑以永久無明略以佐時徒臨川以

羡魚俟河清乎未期感蔡子之忼慨從唐

生以決疑諒天道之微昧追漁父以同嬉

超埃塵以遐逝与世事長辭於是仲春月

令時私氣清原隰鬱茂百草滋榮王雎鼓

圖5-10

注釋:

[1]方若：《校碑隨筆》卷3，民國十二年（1923），華璋書局石印本。

[2]趙萬里：《漢魏南北朝墓志集釋》第1冊，科學出版社，1956年，第47頁。

[3]羅振玉：《雪堂所藏金石文字簿錄》，民國東方學會石印本，第71頁。

[4]楊震方：《碑帖敘錄》，上海古籍出版社，1982年，第156頁。

[5]王壯弘：《增補校碑隨筆》，上海書店出版社，2008年，第193頁。

[6]張彥生：《善本碑帖錄》，中華書局，1984年，第71頁。

[7]仲威：《善本碑帖過眼錄》，文物出版社，2013年，第57頁。

[8][11]〔清〕吳汝綸：《深州風土記》，光緒二十六年（1900）文瑞書院刻本。

[9]〔清〕袁昶：《袁昶日記》下冊，孫之梅整理，鳳凰出版社，2018年，第964頁。

[10]趙萬里：《漢魏南北朝墓志集釋》第1冊，科學出版社，1956年，第47頁。

[12]張伯英：《張伯英碑帖論稿》第1冊，河北教育出版社，2006年，第170～172頁。

[13]容庚：《叢帖目》第2冊，中華書局，2012年，第488～489頁。

[14]該圖片得自徐昌先生的幫助，謹致謝忱。

[15]《崔敬邕墓志》，上海圖書館編《翰墨瑰寶：上海圖書館藏珍本碑帖叢刊》，上海古籍出版社，2006年，第46頁。

[16]《宋拓麓山寺碑》，民國十三年（1924），文明書局珂羅版。

[17]《北魏墓志名品一：刁遵墓志　崔敬邕墓志　司馬昞墓志　張黑女墓志》，上海書畫出版社，2015年，第49頁。

[18]《崔敬邕墓志》，日本大正二年（1913），博文堂珂羅版單行本。

[19]見前章《陳奕禧及其師友》圖4。

[20]李葆恂：《三邕翠墨簃題跋》卷1，輯入《義州李氏叢刻》，民國丙辰年（1916）刻本。

附：孔氏摹刻另有底本

　　説到曲阜孔氏《谷園摹古法帖》對崔敬邕墓志的摹刻問題，不得不對其底本作一探討，因爲曾經存在一個誤區，即有人曾將其底本與華陽卓氏濃墨後半本混爲一談，筆者也不例外。仲威先生曾寫道：

　　上海圖書館藏濃淡墨拓拼合本。前半本爲淡墨本，銘文祖、父銜名亦列於墓志標題前，經江標、劉體乾、端方遞藏。後半本舊爲華陽卓氏濃墨本，清乾隆間刻入《谷園摹古法帖二十卷》之卷三，有陳奕禧題跋，後散佚爲半本，經王懿榮、劉鶚、端方遞藏。光緒三十四年（1908），兩半本經端方手始合成全璧，匋齋去世後又散出，一九三〇年被蔣祖詒在海王村購得。[1]

　　關於孔氏摹刻之事，筆者亦曾寫道：

　　孔氏摹刻所依之底本，此本恰是華陽卓氏濃墨本，祇不過孔氏摹刻時間尚早，此本尚全，未有散失而成爲殘本。[2]

　　數年前，在研究原石亡佚，重新梳理文獻資料時，筆者發現，將華陽卓氏本視作曲

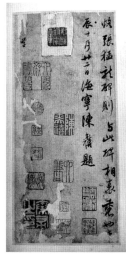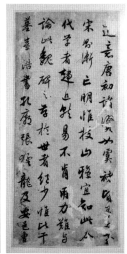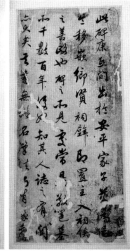

圖6

阜孔繼涑摹帖之底本，所論非是[3]。兩本均存陳奕禧跋，然非同一，分別書於不同年份，相差八年。見曲阜孔氏本陳奕禧跋：

> 此碑在安平縣，廿年前鄉人掘地築墻得之，宗兄子萬時爲令，取嵌縣學鄉賢祠壁，至今得不損壞。觀此可以悟褚法所由來，唐人作書未有不假途以入者。余見高子建志亦同，可知北魏時筆意皆本隸學，非漫爲轉運風，如石經，亦具此意。安能聚寰中所存六朝碑版，盡拓而究論之，以爲軟媚妙藥，乃大快也。余頃欲輒作軟媚書，侯官朴孝廉謂曰：何竟闌入此路？不覺大笑。戊子（1708）三月廿四日，奕禧書。[4]

華陽卓氏本陳奕禧跋（圖6）：

> 此碑康熙間出於安平，家子萬爲邑令，移嵌鄉賢祠壁，即置主入祠，侯之善政也。碑之所見處當是敬邕墓所，千數百年後始知其人，志之有關亦大矣。其書無姓名，筆法則有篆隸遺意，唐初諸賢如虞褚皆有之，至宋則漸亡，明惟枝山、雅宜知此。今代學者趨近就易，不肯用力，難與論此。魏碑之存於世者絕少，唯比干墓、崔浩書孔廟、張猛龍及安邑曹恪，張猛龍碑則與此碑相表裏也。庚辰（1700）十月廿二日，海寧陳奕禧題。[5]

顯然，曲阜孔氏本與華陽卓氏本非同一本，《谷園摹古法帖》所據另有底本，此本恐已滅失。前輩碑帖校勘家、鑒賞家中，祇有方若和張彥生提及曲阜孔氏本，且方張二位叙述此墓志的遞藏，甚爲詳盡，互爲補充。方若《校碑隨筆》卷3：

> 原拓絕不易得。福山王文敏曾藏半紙裱本，得自華陽卓氏者，自"濟州刺史加謚曰貞禮也"之"州"字起。庚子（1900）文敏殉國難，此册歸丹徒劉鐵雲。殆丙午（1906）秋，鐵雲又得全紙拓本，爲揚州成氏所藏，中"出圖偶義陽"之"出"字微

沏，又"太府少卿"之"太"第三筆微沏，"臨青男忠"四字，上二字右旁沏，下二字左旁沏，"響發邦丘"之"發"字右上角、"僞城颺偃"之"颺"字"焱"旁俱微沏，然不能掩字也。書體類刁遵志。熙平楷法由晉開唐，洛南薛氏固於刁遵志言之矣。讀此志益足徵其言。近人摹刻雙鈎，神氣全失。孔繼涑刻入《谷園摹古》，亦不見佳。上海先有石影本，末會稽陶氏題記四行，時在光緒乙未丙午年。劉鐵雲又復出成氏本精印百本，分貽同好。近更有石影本，原底即成氏本也。近知此成氏本歸銅梁王孝禹矣。卓氏本亦歸端午橋，端午橋先得合肥劉健之贈淡墨上半本，配合之。此外，劉健之尚有一本得自蘇州某氏，武進費屺懷亦有一本。所見所聞如是而已。[6]

如果說對於孔氏摹刻本，方若語焉不詳，張彥生則進一步，明確提出"孔氏摹古刻本另是一本"，是爲的論。張彥生《善本碑帖錄》：

石佚後，拓本傳世數本列後，與方若《校碑記》略有出入。一劉鐵雲先舊藏後半有蟲蛀，後有陳奕禧跋。後又得揚州成氏全本，以陳跋殘本配入成氏全本後，劉鐵雲與王孝禹、羅振玉在日本印百本贈同好，印刷最精。其蟲蛀半本後歸端方。一羅振玉藏劉體乾淡墨本，羅在日本印過，武進陶湘在滬印本，劉體乾原先藏前半，贈端方，淡墨。一費屺懷舊藏本，經上海古書店售與鎮江程氏，今不知所在，是解放後由費氏散出。一端方得劉氏下半黑墨本，又得劉體乾淡墨上半本，配成全文本，後有王士禎題字，與常醜奴志合裝冊，今存上海博物館。又孔氏摹古刻本另是一本。[7]

注釋：

[1]仲威：《中國碑拓鑒別圖典》，文物出版社，2010年，第319頁。

[2]陳郁：《嘉樹堂序跋錄》，國家圖書館出版社，2019年，第104頁。

[3]陳郁：《崔敬邕墓志的出土、傳拓及亡佚》，《書法叢刊》2021年第1期。

[4]見圖5。

[5]《崔敬邕墓志》，陳郁編《嘉樹堂藏善本碑帖叢刊》，上海人民出版社，2021年。

[6]方若：《校碑隨筆》，民國十二年（1923），華璋書局石印本。

[7]張彥生：《善本碑帖錄》，中華書局，1984年，第71頁。

下篇　存世拓本流傳考

　　從上篇最後一章及附記，我們實際上已經進入對崔敬邕墓志拓本版本的討論。下篇繼續之，原因在於：崔敬邕墓志存世拓本及其流傳，自清季民國以來，近現代碑帖鑒賞家雖有詳細的叙述，如今看來依舊有不少值得繼續深究之處。系統地反映這塊墓志名品拓本的流傳，或許對碑帖鑒賞史、收藏史的研究有所補益。因爲碑帖善本的遞藏流傳史，從微觀上講是一種鑒賞的歷史，從宏觀上講也是一種文化傳承的歷史，都有着巨大的學術意義。這是我們考察研究的出發點之一，也是本書下篇關注的問題。

　　需要説明的是，存世五本崔敬邕墓志，舊稱分別是費念慈本、劉健之本、劉鐵雲本、端方本和潘寧本，本書則以現今拓本收藏之地，相應分別名之爲朵雲軒本、東京台東區立書道博物館本（簡稱爲“書博本”）、嘉樹堂本、上海圖書館本（簡稱爲“上圖本”）和南京博物院本（簡稱爲“南博本”）[1]，有時因上下文語境和行文方便起見仍用舊稱，或并稱。由於這五本是差不多同時期所拓，皆在康熙年間，無版本差別，即無版本鑒定考據點的差別，故存世拓本的流傳問題是下篇的題中應有之義。

　　本篇各章不指望對這五本的遞藏進行全面梳理和歸納總結，而是重點關注若干遞藏者的研究及辨析，對前賢的有關叙述進行補充考證，拾遺補缺，詳則略之，略則詳之，從而勾勒出崔敬邕墓志拓本整個流傳歷史的大致脉絡。有話則長，無話則短，不求面面俱到，但求有感而發，有的放矢，力求有新的發現和發明，僅此而已。

　　陳奕禧無疑是第一個收藏者，現在流傳的本子大部分和他有關。對於陳奕禧及其同時代友人，上篇在探討原石的出土及傳拓時已有詳細論述，下篇不再贅言，而着重於清代陳奕禧之後乃至民國的遞藏以及收藏家的情況。

注釋：

[1]早先，仲威先生對存世五本拓本已經采取這種稱呼了，見其爲嘉樹堂本公開影印出版所寫《弁言》，載《崔敬邕墓志》，陳郁編《嘉樹堂藏善本碑帖叢刊》，上海人民出版社，2021年。

田林與翁振翼

崔敬邕墓志出土後，早期收藏及鑒賞者除了陳奕禧這位發現者、傳拓者、推廣者之外，還有田林、潘寧、李馥、翁振翼，他們與南博本及朵雲軒本有關。田林與翁振翼爲南博本舊藏者，潘寧與李馥爲朵雲軒本舊藏者。因原始文獻資料的不足，筆者於此會盡可能地來介紹一下田林與翁振翼，比起潘寧與李馥，他們更不爲人所知。二人的遞藏關係較爲清晰，南博本自田傳至翁，是爲田故去後由其後人贈予翁者。關於此事，潘寧題跋所説甚明[1]，跋中的志山即田林，迂伯即翁振翼。

田林（1643～？），江蘇上元人，卒於雍正八年至十三年（1730～1735）間，具體不詳。道光武念祖修、陳杕纂《上元縣志》卷21《技藝》：

田林，字志山，美鬚髯，自號髯農，工篆籀，能詩。[2]

李放《皇清書史》卷11：

田林，字志山，美鬚髯，自號髯農，上元人，年八十餘猶能作小字。工篆籀。工詩文篆刻。[3]

金鰲《金陵待徵録》卷5《志人》：

田林，字志山，居南城窑灣。先之溪曰：志山生平無一事不可對人言，其名可以令盜賊知愧知悔。工詩、字、篆刻、醫術，然皆餘事，非技藝之士也。[4]

先之溪，即先著，號之溪先生，爲田林友人，善賞鑒碑帖。田林、先著皆大畫家石濤摯友。石濤於康熙十七年（1678）由宣城來金陵，二十六年（1687）去揚州。石濤寓居金陵，與同住城南的田林、先著比鄰。田林與石濤朝夕相伴，時抵足而眠，二人多有唱和，并有書畫相贈。石濤手書長卷《秋聲賦》，現藏上海博物館，即爲田林所作。數年前於拍場見一石濤《山水册》，計八開，程京萼對題，涉及石濤與田林、程京萼等交往的史實，册末石濤款識曰"辛酉（康熙二十年，1681）夏日，同髯農、永靖坐一枝閣，漫塗，石濤"，其中一開石濤題曰"觀志山作書由此"[5]。

民國夏仁虎《秦淮志》卷11《題咏志》輯有田林詩《過節霞閣感舊（閣爲鄒滿字故居）》：

舊京人物畫名家，有閣曾聞唤節霞。客到盡爲仙侶輩，酒酣便寫亂真花。滄桑硯失端溪久，烟雨門留白板斜。今日與君談往事，風流堪憶亦堪嗟。[6]

鄒滿字，即鄒典，明末清初畫家，吳縣人，家金陵，曾作長卷《金陵勝景圖》。

筆者以爲，田林所藏崔敬邕墓志拓本與陳奕禧有關。對於潘寧跋"迨香泉補南安守，特出舊貯廿本留傳於白下"云云，拙文曾有所討論：

據王士禎《分甘餘話》卷三云"戊子，補任南安"，故陳奕禧補江西南安知府時在康熙四十七年（1708），爲其暮年。由於陳奕禧"特出舊貯廿本留傳於白下"，導致研習崔敬邕墓志銘者甚衆，其中有位"志山田先生"，潘跋之本即其舊物。……陳奕禧一次能出舊藏二十本"留傳於白下"，説明當年在安平椎拓了很多，以備日後所需，用於對崔敬邕墓志的推廣和傳播。[7]

可以料想，在金陵，田林或許與陳奕禧相遇相識，此崔敬邕墓志拓本田或許得自陳本人，即陳"留傳於白下""特出舊貯廿本"之一。據潘寧跋，田林去世後，此本歸翁振翼。翁振翼，翁同龢同宗族祖。據朱彭壽《清代人物大事紀年》，翁振翼，順治十七年（1660）生，康熙五十七年（1718）十二月二十五日卒[8]。

翁同龢補輯《海虞翁氏族譜》：

振翼，字汝復，號迂伯。康熙丙子（三十五年，1696）舉人，考授內閣中書。幼穎異，善屬文，尚書公稱其文，以爲有橫空排奡之氣而一歸於典則。書法出入晋唐，與汪退谷、何義門號吳中三書家。乾隆己巳（十四年，1749）上命廷臣評定近人書，以君稱首。著《論書近言》一卷。順治庚子（十七年，1660）九月二日生，康熙戊戌（五十七年，1718）十二月二十五日卒，葬門龍橋鞠字圩祖塋左側。配戴氏，臨淄縣知縣翔虞孫女，葬浪澄舜儀公墓之昭穴。側室洪氏。子成俊、乘際、天奎、進。[9]

李放《皇清書史》卷1：

翁振翼，字樹復，號迂伯，常熟人。康熙三十五年（1696）舉人，官內閣中書。孫原湘《題朱秋坪〈洗硯圖〉》詩云：吾鄉書法溯二馮（補之、簡緣），翁（樹復）張（庭仙）汪（杜林）邵（味閒）誰雌雄。吳鴻綸曰：外高祖邵味閒贈公爲世大書家，隆賢禮士，歲以千金聘義門先生來虞，同寓破山古寺竹香泉精廬讀書染翰處也，偕者汪退谷、汪杜林、翁迂伯，皆書家英俊。翁同龢曰：公書與汪退谷、何義門爲吳門三大家。[10]

民國《重修常昭合志》卷20《人物志·辛一》：

翁振翼，字樹復，號迂伯，漢麟孫。康熙丙子（1696）舉人，官內閣中書。工詩文藝術，靡不精究。書法入晋唐人堂奧，與汪士鋐、何焯稱吳中三書家。著《論書近言》一卷。[11]

今人崔爾平編《歷代書法論文選續編》附翁氏小傳，對其書論介紹甚詳：

翁振翼論書宗晋、唐。或云："晋人書似綿裹針；唐人書露鋒如綿裹刀；宋人書有刀無綿；元人自話古淡，却祇存綿矣；今人并無綿也。"撰有《論書近言》一卷，計論書語四十餘則，所論書旨探入精微，前人評之云："言言至理，語語真諦。""有真見識，初學家當奉爲萬金良產。"

《論書近言》四十餘則，脱稿後，人多聞其名而未見其書。乾隆壬寅（1782）二月，姚大勛於抄本後跋云："右翁迂伯先生論書四十餘則，數十年來，曾未寓目。"而後更未見有刊本流傳，誠可謂翰苑秘本。[12]

　　作爲崔敬邕墓志早期的收藏者，田林與翁振翼皆爲書家，看重的皆是此志之書法價值，用潘寧跋語來説，田林"傾心摹仿，參以褚法，自成一家書"，翁振翼"愛其書法直接元常"。

　　崔敬邕墓志南博本晚出，現代碑帖鑒賞家、校勘家，唯王壯弘《增補校碑隨筆》對之有記録，云"近年發現"。基於王著初版於1981年，周煦良、潘景鄭二序及王壯弘後記皆作於1980年，南博本的發現具體時間雖不詳，如今則皆視之爲20世紀70年代，距離翁振翼時代二百餘年矣。該本最早於1979年由上海書畫出版社單色影印出版，極爲簡樸，除墓志墨拓及後附潘寧手書題跋之外，未見任何前賢文字及鈐印，故我們對翁振翼之後此本的遞藏情況一無所知。二百多年後拓本橫空出世，可謂寶物顯晦自有定數。

注釋:

[1]見上篇《陳奕禧及其師友》之圖4。

[2]〔清〕武念祖修、〔清〕陳杙纂《上元縣志》，道光四年（1824）刻本，江蘇古籍出版社，1991年影印本，《中國地方志集成·江蘇府縣志輯》第3册，第388頁。

[3][10]李放：《皇清書史》，《遼海叢書》第5集，民國十三年（1924）遼陽金氏遼海書社排印本。

[4]〔清〕金鰲：《金陵待徵録》，南京出版社，2009年，第113頁。

[5]北京匡時2018年秋季拍賣會，1315號拍品。

[6]夏仁虎：《秦淮志》，南京出版社，2006年，第77頁。

[7]陳郁：《崔敬邕墓志的出土、傳拓及亡佚》，《書法叢刊》，2021年第1期。

[8]朱彭壽編著《清代人物大事紀年》，朱鰲、宋苓珠整理，北京圖書館出版社，2005年，第187、491頁。

[9]〔清〕翁同龢補輯《海虞翁氏族譜》，同治十三年（1874）刻本。

[11]丁祖蔭、徐兆瑋、龐樹森總纂《重修常昭合志》下册，常熟市地方志編纂委員會辦公室標校本，上海社會科學院出版社，2002年，第1218頁。

[12]崔爾平：《歷代書法論文選續編》，上海書畫出版社，1993年，第439頁。

潘寧與李馥

作爲崔敬邕墓志拓本的早期收藏者、鑒賞者，潘寧與李馥是同時期人，皆活動於清朝康、雍、乾年間。如今需要了解的問題是：一、潘寧是不是朵雲軒本的收藏者？二、如果是的話，潘寧與李馥的遞藏關係如何？

李放《皇清書史》卷10：

潘寧，字仲寧，號陋夫，一號退翁，山陰人。工各體書，兼善摹印，尤以精鑒碑帖得名。蔣宗元曰：八法毌穿，篆隸精通。[1]

潘寧（1661～？），清初碑拓收藏家。因現存故宮博物院最舊本瘞鶴銘被視爲"潘寧藏本"，甚至被視爲"宋拓"，所以潘寧在今日受到關注。平心而論，說"宋拓"稍言過其實，但水前拓本無疑，或許能定爲明拓。另外，存世五件崔敬邕墓志中兩件有潘寧跋語，鑒賞眼光好生了得，幾乎可以與此志的發現者與推崇者陳奕禧相頡頏。故宮瘞鶴銘水前拓本存潘寧題跋：

　　此乃石沉江水時宋拓本，後山陽張力臣所圖仰面石六行即存此三十字，較今出水拓剥落稍异，蓋後又重加修剔似更清楚，但無此神充氣足。黄培翁品爲第一，斷珪殘璧，豈非至寶。乙巳歲（雍正三年，1725）十一月朔，山陰潘寧識於焦山石壁精舍。[2]

　　潘未言誰之藏本，現今影印出版物編者則視此本爲"潘寧藏本"。潘跋崔敬邕墓志，對於南博本，言之原爲"志山"田林所藏，今歸"迂伯"翁振翼[3]，藏者明確。對於朵雲軒本，潘則未言誰之藏本：

　　是碑北魏人所書，博大昌明，淳古遒勁，可稱孟德之宗子、僧虔之伯仲也。宋《集古》《金石》二録皆所未載，以其後出故耳。天地閟此靈物，俟魏晋碑版磨滅殆盡而始出焉，不可謂非無意於後人，好古者自能知之，豈惑橝裘之外論乎？辛卯（康熙五十年，1711）七夕，山陰潘寧謹識。[4]

　　未言誰之藏本這種情況在潘寧的題跋中較普遍，甚至即便是自藏本，潘寧也不明説，筆者年來搜羅碑帖潘跋數條，以時間先後爲序列於下，由此可見一斑。數年前於拍場見五鳳刻石明末清初拓本，存潘寧題跋：

　　漢五鳳小碣，書歲月以紀成，魯恭王之孫孝王石刻也。按，《水經注》詳載恭王靈光殿基，有"池臺悉石"之語。碣出於明昌之世，取石正在池上。豈池臺乃孝王之所治歟？抑别有宫室之構歟？不然將何以謂之成歟？千載之上難於考訂者，事多類此。然而斯碣既出於殿基西南，即可稱靈光片石矣，况西京篆刻唯此獨存，非今日之靈光乎。書如萬歲枯藤，槎枒可愛，高曼卿置石孔廟，能永其傳，有足重焉。辛亥歲（雍正九年，1731）長至後四日，平野潘寧。[5]

　　上海圖書館藏李思訓碑宋拓本潘跋：

　　楊用修言北海雲麾碑有《蘭亭》筆意，雖過許亦不誣也。余□□愛其文，如述思訓□武氏數語，所恨南陽宗子未舉勤王，西京宰臣不聞復辟者，曠有十六載，似兹筆力，其司馬子貞之儔乎。此卷爲四明范氏藏帖，紙墨俱舊，蓄宋無疑，其秘將三百年始流轉於邢，□□不以闕題而珍收之，嗜古可爲獨至。因想見"鐵葉銀鈎照大河，徹天古色今猶紫"，朱震孟蒲城片石之句，可三復也。癸丑（雍正十一年，1733）仲夏，平野潘寧識。[6]

日本三井聽冰閣藏圭峰禪師碑宋拓本潘跋：

王弇州謂此碑清勁瀟灑，大得率更筆意；余謂碑中字實勝率更皇甫，其書方勁之中而兼渾古，足與化度并行也。化度因剝蝕愈覺古厚，不知此碑宋拓筆畫神采直可與化度同珍，學歐書者當以此擴充。余家藏歐書化度、九成、皇甫、虞恭皆有宋拓，去歲購得此本把玩久之，深悉其妙。癸丑（雍正十一年，1733）十月，藏帖人潘寧識。[7]

臺北故宮博物院藏洛神賦十三行拓册潘跋（圖7）：

昔白下有一老宿，篤好十三行帖，收藏至十六本，所賞必以古肥爲貴，余嘗得盡觀之。猶記一肥本最舊，言是宣和前物。又宣和二種，肥瘦適均，有損與不損之异，其餘則已忘之矣。今見虞泉此本，字之筆法位置、石之鑱損，皆與今之玉版同，唯筆畫稍肥，不類其瘠，又渾璞藏神，毫無纖露，乃肥瘦適均之宣和古本。白下所見者，正有此一種在也。因嘆古肥之評，出自張顛，豈知千百年後，猶借此説以定洛神之優劣哉。雍正乙卯（十三年，1735）重九前五日，對菊漫書。平野潘寧，時年七十有五。[8]

上海圖書館藏道因法師碑宋拓本潘跋：

《唐書》有云：詢子通書亞於父，號大小歐陽體。蓋大歐仿右軍法，險勁過之，已自名其體。小歐學父書，參以八分章草，乃歐陽又一體矣。然通之書，雖參古以小變，而體裁風度皆不失其家傳，亞於其父者在是，善學其父者亦在是也。道因碑正是小歐合作，靜心觀之，鐵畫銀鈎，自有一種神韵。此本又唐人刻手之妙，宋人拓手之工，與俱

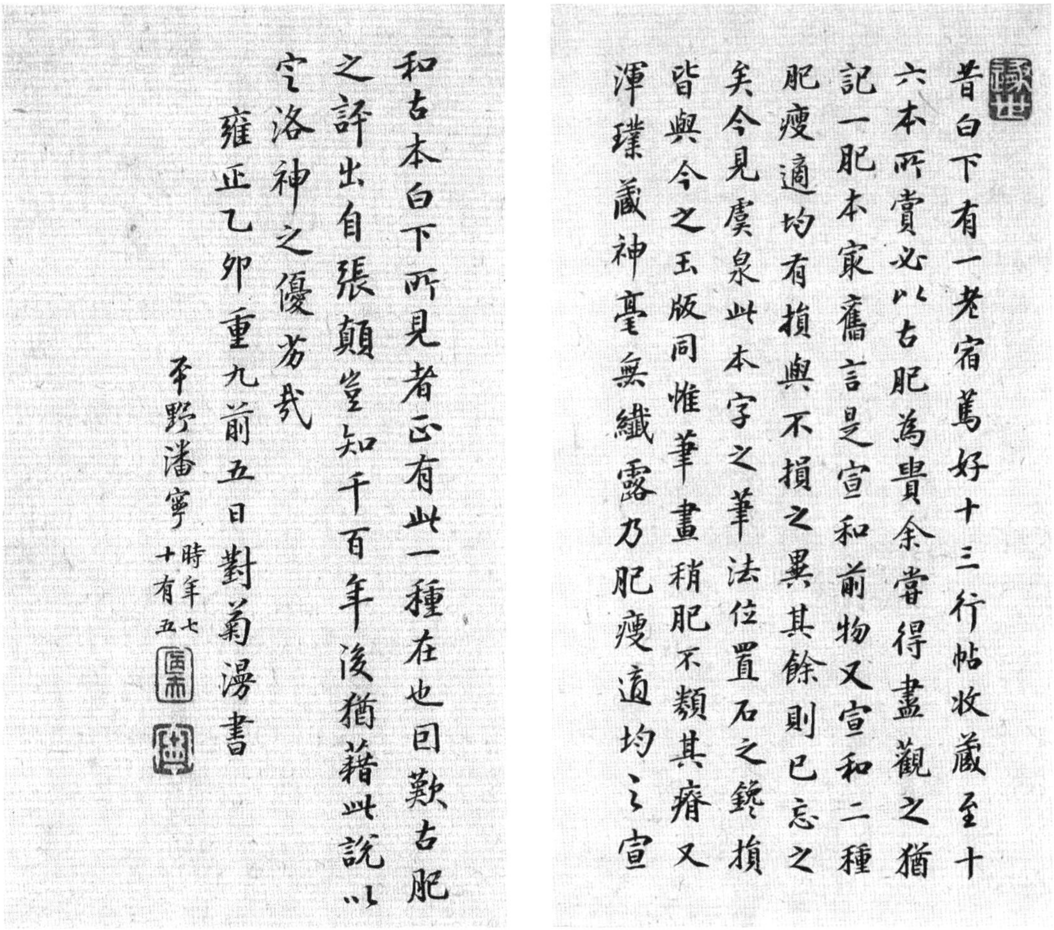

昔白下有一卷宿蕙好十三行帖收藏至十
六本所賣必以古肥爲貴余嘗得畫觀之猶
記一肥本家舊言是宣和前物又宣和二種
肥瘦適均有損與不損之異其餘則已忘之
矣今見虞泉此本字之筆法位置石之鋟損
皆與令之玉版同惟筆畫稍肥不類其瘠又
渾璞藏神臺無纖露乃肥瘦適均之宣

和古本白下所見者止有此一種在也回歎古肥
之許出自張顛豈知千百年後猶藉此説以
空洛神之優芳矣
雍正乙卯重九前五日對菊湯書
平野潘寧　時年七十有五

圖7

出矣。乾隆戊午（三年，1738）四月，平野潘寧識，時年七十有八。[9]

　　三井聽冰閣圭峰禪師碑，潘寧跋徑直言自家藏本，這種情況很少。此外，除了臺北故宮十三行，潘寧言爲"虞泉"藏本，其他諸本均未言藏者。在此對其中兩本稍稍解釋一下：上圖藏李思訓碑，潘言舊爲四明范氏所藏，但未言如今爲誰之藏本；上圖藏道因碑，潘未言誰之藏本，但仲威先生視此本初爲潘寧收藏。如此，依照仲威先生及故宮瘞鶴銘最舊本出版物編者的做法，潘未明確指出誰之所藏者，可視之爲其自藏品，這或是正確的[10]。因此，朵雲軒本崔敬邕墓志應是潘寧舊物，而這是之前鑒賞家、校勘家所忽略的。

說過潘寧，再來說說李馥。李馥（1666～1749），字汝嘉，號鹿山，清初藏書家，亦鑒賞碑版，擅長書畫。王應奎《柳南隨筆》卷1：

> 李中丞馥，號鹿山，泉州人也。中康熙甲子（二十三年，1684）科舉人，歷官浙江巡撫。性嗜書，所藏多善本。每本皆有圖記，文曰"曾在李鹿山處"。後坐事訟繫，書多散逸，前此所用私印，若為之讖者。夫近代藏書家，若吾邑錢氏、毛氏，插架之富，甲於江左，其所用圖記輒曰"某氏收藏""某人收藏"，以示莫予奪者。然不及百年而盡歸他氏矣。中丞所刻六字，寓意無窮，洵達識也。[11]

乾隆《福州府志》卷57《人物九·列傳·福清》：

> 李馥，字汝嘉，福清人。康熙甲子（二十三年，1684）舉人，任工部員外，轉刑部郎中。以治九門提督陶和器獄有聲，出守重慶。郡經流寇亂後，田賦無考，馥履畝清丈，侵占弊息。遷河東運使，調蘇松常鎮道，晋江蘇按察。制府擒治奸民，株連百餘人，馥察其冤濫者，盡白釋之。轉安徽布政，巡撫浙江。時亢旱，請截漕二十萬，民不知饑。又，漕米例用白糧，馥疏請兼用紅白，民便之。以失糾屬員去任，馥家素封，義所得爲，必勇爲之。在官以廉慎稱，家遂中落，歸田二十年，借屋以栖，怡然自樂，與士大夫文酒還往，年八十餘，重宴鹿鳴。又數年卒。[12]

李馥《居業堂詩稿》有手稿本存世，詩有紀年，能反映李馥的一些生平事迹。如李馥在江蘇，歷河東運使、蘇松常鎮道、江蘇按察使，約於康熙五十四年至五十六年（1715～1717）間，大部分時間居南京。此時的李馥意氣風發，這一時期也是其搜書藏書的高峰。如李馥康熙五十五年（1716）《答陳次廬吳少文》：

> 白盡鬚眉意氣揚，郊吟野醉興偏長。書還藏得三千卷，田不須謀二頃良。紋簟竹簾眠小閣，棋聲琴韵響修廊。人生適意俱成趣，白露蒼葭一葦航。[13]

不難料想到，李馥得崔敬邕墓志拓本似在此間。因潘寧"嚮在白下"[14]，得自潘寧本人亦未可知。在南京的三年，是李馥生平唯一一次可能與潘寧有交集的時間節點及訂交地點。現今李馥舊藏碑帖存世不多，除了朵雲軒本崔敬邕墓志之外，2021年杭州西泠印社秋季拍賣會有北宋拓集王書三藏聖教序，爲李馥舊藏，存李馥跋：

予在虞山時，知明古家藏有宋拓聖教序，急索覽，則已質他姓矣。戊戌（1718）夏，家錫萬自廣陵以宋帖遠貽，展視之，怪其神采躍如，詢之則明古舊物，既饜心願，且嘆物之遇合有數也。鹿山李馥書。[15]

另外，李馥還曾得陳繼儒舊藏北宋拓聖教序，惜拓本已佚，僅見李氏跋記存於世：

聖教臨摹者衆，要皆不及墨洞。原碑神采天然，然覓未斷前宋拓極罕。項司臬蘇臺得此本於吳市，心花怒開，急招同里友人許長洲、董滄門細加審別，悉從同之，遂浮白歡賞，欽猶寶籙。後幅有孫鐵庵、馮次牧二跋，馮述孫出處略而未詳，予重爲稽考，乃知孫與陳繼儒同時人，所著有《梅間集》《竹裏吟》。陳嘗以楊廉夫鐵冠鐵笛爲壽，因自號曰鐵庵。陳題句云：冠貯竹葉酒，笛作梅花弄，養志實也。此贈或在冠笛之後歟。顧孫不善書而偏獲此善本，歐陽子謂物聚於所好，良然。康熙丁酉（1717），福唐李馥跋。[16]

雍正二年（1724），李馥被謗罷官，削迹入獄。出獄後，十餘年一直蝸居吳門，偶爾往來蘇杭間，未能還鄉。也是從這時起，李馥的藏品開始典鬻星散，插架嚮盡，甚至僅有殘書可讀。見雍正四年（1726）李馥詩《秋懷》：

井梧吟秋風，凄清疑作雨。幽壁咽蛩螿，永夜聲悲苦。吁嗟老大身，歲月半羈旅。坎坷癡復頑，飄零貧且窶。貿貿涉畏途，戚戚罹罪罟。豈不懷故鄉，故鄉無寸土。典鬻到琴書，顏敗忝禰祖。輕薄自世情，翻覆今猶古。涼飆振疏林，皓月淡寒浦。景物遞變遷，吾心寧無主。[17]

雍正六年（1728）詩《感懷寄大有》：

閩吳飄寄嘆衰門，兩地心傷忍淚痕。插架圖書都向盡，故園松菊久無存。憐兒骨瘦緣多病，哭弟瞳昏欲斷魂。時事風波身偃蹇，楚臣還許采芳蓀。[18]

雍正十三年（1735）《雜咏》：

頹垣矮屋寂無嘩，讀罷殘書日已斜。惟有梅花情不世，數枝先發野人家。[19]

崔敬邕墓志拓本或在此間亦散出，數十年後爲趙魏所得。

注釋：

[1]李放：《皇清書史》，《遼海叢書》第5集，民國十三年（1924），遼陽金氏遼海書社排印本。

[2]故宮博物院編《宋拓瘞鶴銘兩種》，紫禁城出版社，2010年，第18頁。

[3]詳見上一章《田林與翁振翼》。

[4]《北魏墓志名品一：刁遵墓志 崔敬邕墓志 司馬昞墓志 張黑女墓志》，上海書畫出版社，2013年，第50頁。

[5]杭州西泠印社2018年春季拍賣會，4683號拍品。

[6]仲威：《善本碑帖過眼録》，文物出版社，2013年，第150頁。

[7]《圭峰禪師碑》，二玄社《原色法帖選·聽冰閣墨寶》，1991年。

[8]圖片來自於互聯網。

[9]《道因法師碑》，上海圖書館編《翰墨瑰寶：上海圖書館藏珍本碑帖叢刊》，上海古籍出版社，2013年，第64頁。

[10]仲威先生在與筆者討論這一問題時認爲，凡是潘寧題跋未指明收藏者的拓本，均可能即是其自己所藏。筆者對此表示贊同。

[11]〔清〕王應奎：《柳南隨筆續筆》，王彬、嚴英俊點校，中華書局，1983年，第1頁。

[12]〔清〕徐景熹纂修《福州府志》，清乾隆十六年（1751）刻本。

[13][17][18][19]〔清〕李馥：《居業堂詩稿》，江蘇古籍出版社，2000年影印本。

[14]《崔敬邕墓志》，上海書畫出版社，2000年，第17～18頁。

[15]杭州西泠印社2021年秋季拍賣會，0343號拍品。

[16]北京海王村2023年春季拍賣會，1033號拍品。

華陽卓氏

上圖本，舊稱端方本，由端方將前後淡濃兩半本合而成之。後半濃墨本舊稱"華陽卓氏本"，蓋因晚清拓本彰顯於世之後首先獲得者王懿榮得自寓居京師之華陽卓氏。方若《校碑隨筆》卷3有述[1]。

王壯弘《增補校碑隨筆》：

福山王懿榮先得濃墨拓後半本於華陽卓氏，有康熙間海寧陳奕禧一跋。王氏歿後爲丹徒劉鐵雲所得。繼而鐵雲又得全本於揚州成氏，遂將陳奕禧一跋移入全文本之後。此半本輾轉又從銅梁王孝禹入端方之手，端方即以劉健之贈淡墨前半本合成一冊，今藏上海圖書館，有清王士禎跋。[2]

馬子雲《石刻見聞録》：

……拓本絶少，原石本，華陽卓氏藏黑墨拓下半本，後歸王廉生與劉鐵雲，以後劉氏贈於端方。[3]

仲威《中國碑拓鑒別圖典》：

上海圖書館藏濃淡墨拓拼合本。前半本淡墨本，經江標、劉體乾、端方遞藏。後半本舊爲華陽卓氏濃墨本，經王懿榮、劉鶚、端方遞藏。光緒三十四年（1908），兩半本經端方手始合成全璧。匋齋去世後又散出，1930年被蔣祖詒在海王村購得。[4]

上述諸家所言甚是，唯王壯弘"此半本輾轉又從銅梁王孝禹入端方之手"云云稍誤，"華陽卓氏本"端方直接得自劉鶚，未經王氏中介。經檢，上圖本墨拓末頁鈐印"益州卓岷原收藏印"（圖8），諒卓岷原即後半濃墨"華陽卓氏本"之卓氏舊藏者。卓岷原何許人也？薛天沛《益州書畫錄·正編》述及卓秉恬子卓榤、卓椿昆仲，弟卓椿號岷原：

卓椿，華陽人，字春木，號岷原，文端公秉恬之少子也。以一品蔭生官刑部員外郎。兄榤，既工書有名，而椿嘗從司馬鍾學畫，更號蓮心居士。花鳥設色，致爲妍秀，比於綉谷，時人有出藍之目。[5]

圖8

卓氏昆仲之父卓秉恬，亦見上揭書：

卓秉恬，華陽人，字静遠，一字海帆。辛酉（1801）舉於鄉，官至武英殿大學士，歷仕三朝，垂六十年，未嘗外任，持身清正。工書，尤善詩文，有集若干卷藏於家。其奏議既上後即焚稿，家人弟子弗得見也。[6]

卓氏一門均精於書畫。除卓榤、卓椿昆仲之外，卓秉恬堂弟卓秉勛亦"工書能畫"[7]。另，薛天沛《益州書畫錄·補遺》云："卓桓，字筱章，華陽人。工畫，花卉人物，有名一時。"亦卓氏族人，與卓榤、卓椿昆仲同輩。

卓氏爲收藏世家。卓秉恬，道光間金石大家劉喜海之友人，道光二十一年（1841）曾爲劉藏西岳華山廟碑長垣本作跋。二人亦親家，劉女歸卓子，陪嫁物有聞名遐邇的小忽雷及孔尚任稿本。"海帆相國曾以小忽雷名其齋"[8]，成爲收藏史上的風雅之事，并傳爲美談。卓秉恬跋華山廟碑長垣本云："余也性亦嗜書畫，得蘇趙迹皆前緣（吾家收藏以坡公松雪墨迹爲最佳）。"[9]其藏有宋拓蘇東坡雪堂帖汪應辰刻本，清末歸劉鶚抱殘守缺齋[10]。

據卓秉恬門人馮桂芬《贈太子太保武英殿大學士華陽卓公神道碑銘》：

公……崛起田間，弱齡通籍，歷事三朝，垂六十年。功建名立，生榮死哀，可謂全德。元配張夫人，……生子楨，殤；櫄，庚子（1840）進士，翰林編修，歷官吏部右侍郎。……側室褚宜人，生椿，正一品，蔭生，官刑部員外郎。[11]

卓秉恬與劉喜海爲兒女親家，卓櫄、卓椿昆仲二人誰爲劉婿呢？據咸豐五年（1855）四月八日翁心存日記，是爲岷原：

巳初二刻出。賀海帆相國，其第二郎君岷源（樀）[椿]。完姻也。爲劉燕亭婿。留與陶凫翁、李夢韶、花松岑、文鑒湖、承△△同飯，飯罷巳未正矣，遂回。[12]

關於劉喜海何時病故，稍有爭議，一説咸豐二年（1852），一説三年（1853）。但顯然，無論以何者爲準，岷原與劉女完婚在劉喜海故後。不久，卓秉恬也故去，見上揭馮桂芬之卓公神道碑銘文：

咸豐五年（1855）十月二十五日，櫄等奉公殯葬於直隸昌平州黃土村聚福莊之原，以兩夫人祔，禮也。[13]

卓櫄丁父憂，亦於咸豐七年（1857）病故。卓氏先世蔭庇皆於岷原，卓家藏物皆歸岷原，其中包括小忽雷及崔敬邕墓志拓本。岷原生卒年月不詳，晚清時還在世，常與友人，如李玉棻、陸寶忠，談詩論畫，識賞家藏之物。李玉棻《甌鉢羅室書畫過目考》卷4：

卓櫄，字雲木，號鶴溪，四川華陽人，秉恬子。道光庚子（1840）翰林，官吏部侍郎。書法河南，兼襄陽，晚逼劉文清。余家與其三世交，復爲姻婭，所藏其書甚夥。有堂兄海秋款箋紙屏四幀，一臨褚登善，一臨米南宮，一臨劉文清，一臨陳玉方，最佳。弟椿，字春木，號岷原，一號蓮心居士。司馬鍾弟子，蔭生，官刑部員外郎。工花鳥，妍秀出藍。戊子（光緒十四年，1888）夏秋時，與論畫，詞旨精確，贈以所畫大屏四幀，如猿鼠貓兔之屬，力求新穎，不作尋常景物，亦近時可傳之作。[14]

光緒二十四年（1898）十一月初二日陸寶忠日記：

觀華陽卓氏所藏唐小忽雷樂器，乃劉燕庭故物，岷原夫人係燕庭女，携自母家，今又將屬他人矣。小忽雷長及二尺，形如琵琶而小，祇二柱二弦，上刻龍首，精緻絶倫，陽面龍首下刻“小忽雷”三字隸書，陰面刻“臣滉手製恭獻建中二年春”。舊有錦袱、檀匣、翁覃溪題籤，今均失矣。潘文勤屢欲購之未得，目下求售不諧，恐其零落遭劫，自唐至今已千年，其顯晦不知幾歷矣。[15]

潘文勤，即潘祖蔭。陸寶忠所記已及卓氏藏物外售之事，時岷原已届暮年，王懿榮於光緒二十六年（1900）殉難，其得於華陽卓氏之崔敬邕墓志拓本或在此間。基於陸寶忠所記小忽雷“舊有錦袱、檀匣、翁覃溪題籤，今均失矣”云云，崔志拓本遭厄殘損，似發生於岷原收藏之數十年間。小忽雷後歸劉世珩。劉世珩宣統二年（1910）十二月云：“今年春，太倉陸應庵商部大坊言，器在華陽卓氏，并有譜兩本，亟屬其踪迹得之。”[16]或此時岷原已逝，故小忽雷如此之重寶終亦從卓家散出。此是題外話，恕不贅言。

注釋：

[1] 方若論述見《孔氏摹刻另有底本》注[6]。

[2] 王壯弘：《增補校碑隨筆》，上海書店出版社，2008年，第193頁。

[3] 馬子雲、施安昌：《碑帖鑒定》，廣西師範大學出版社，1993年，第166頁。

[4] 仲威：《中國碑拓鑒別圖典》，文物出版社，2010年，第319頁。

[5][6]〔清〕薛天沛：《益州書畫録·正編》，民國三十四年（1945），成都崇禮堂刻本。

[7]〔清〕薛天沛：《益州書畫録·續編》，民國三十四年（1945），成都崇禮堂刻本。

[8][16]〔清〕劉世珩：《雙忽雷本事》，民國八年（1919），聖廎叢書刻本。

[9]《漢西岳華山廟碑長垣本》，民國有正書局。

[10]〔清〕劉鶚：《劉鶚集》上册，劉德隆整理，吉林文史出版社，2007年，第644頁。

[11][13]〔清〕繆荃孫編《續碑傳集》第1册，上海人民出版社，2019年，第104頁。

[12]〔清〕翁心存：《翁心存日記》第3册，張劍整理，中華書局，2011年，第1023頁。

[14]〔清〕李玉棻：《甌鉢羅室書畫過目考》，光緒二十三年（1897），隆福寺文奎堂刻本。

[15]〔清〕陸寶忠：《陸寶忠日記》上册，李子然、李細珠整理，中華書局，2022年，第310頁。

吉祥雲室

朵雲軒本，舊稱費念慈本，清代至民國歷經李馥、趙魏、李鴻裔、費念慈等多人遞藏。近些年來，學術界新發現其籤條署"可自怡齋"者，即蘇州過雲樓顧文彬之齋號，故亦經顧氏收藏[1]。至此，對其弄藏情況纔漸臻完全。該本現存三個籤條（圖9），唯一尚待研究的是署"魏崔敬邕墓志銘，吉祥雲室珍玩"及鈐印"古雲氏"的一條[2]。試問：吉祥雲室主人是誰？古雲氏又是誰？他們是同一人嗎？

吉祥雲室，稍冷僻，查遍手頭所有的文獻資料及工具書，幾無所獲，最終於楊廷福、楊同甫編《清人室名別稱字號索引（增補本）》中，發現其爲吳江郭麐之齋號[3]。

郭麐（1767~1831），字祥伯，號頻伽，江蘇吳江人，書畫家、篆刻家、詩人。游姚鼐之門，爲阮元賞識。工辭章，善篆刻，間畫竹石，書法學黃庭堅，科舉不第，絕意仕途，專研詩文書畫篆刻，有《靈芬館詩集》《靈芬館雜著》等。

又見郭麐行書詩翰一卷，總計兩段，其二款識曰：

十二月十八十九日，秋岩司馬、書槐茂才先後招集荻莊，時重葺落成，因用乾隆甲寅荻莊秋社詩韵，及絕句四首奉塵正是（詩文略）。吳江郭麐。[4]

鈐朱文印：吉祥雲室（圖10）。郭麐，顯然是朵雲軒本崔敬邕墓志在趙魏（1746~

圖9

圖10　　　　　　　　　　　　　　　　　　圖11

1825）與顧文彬（1811～1889）之間的收藏者。

　　郭麐所作詩多有紀年，從中略知其從青年時代起，即與金石師友如阮元、陳鴻壽、黃易、曹秉鈞、何元錫、陳豫鍾、朱爲弼、伊秉綬、梁章鉅、張廷濟、徐楙等交游唱和、賞鑒碑帖以及尋訪石刻。如《曹雪博秉鈞以馬券帖拓本見餉作此奉謝》（嘉慶三年，1798）、《夢華滌碑圖》（嘉慶五年，1800）、《墨卿太守以新得甘泉山石刻見示阮中丞翁學士定爲西漢廣陵王殿石率題二首即送還閩中》（嘉慶十二年，1807）、《國山碑》（嘉慶十六年，1811）、《娑羅樹碑》（嘉慶十七年，1812）、《梁芷鄰觀察章鉅屬題林同人甘泉宮瓦拓本》（道光四年，1824）等等[5]。

　　在發現郭麐的同時，也意外發現了古雲氏，郭麐詩文中有許多與“古雲”相關之作。顯然，籤條上的古雲氏與吉祥雲室主人并非一人，而是郭麐友人，經進一步查證，其爲孫均。

　　孫均（1777～1826），浙江仁和臨平人，字詒孫，號古雲，諸生。川督孫士毅之孫，襲三等侯爵，隸漢軍正白旗。後被裁爵位，革旗籍。中年奉母南歸，僑居吳門，所交多名流，極文酒之盛。富收藏，工篆隸，善寫生，得徐渭、陳淳神趣。亦善刻竹，鐵筆法陳鴻壽[6]。此籤條即爲孫均手書。見《丁丑劫餘印存》卷8，集入孫均刻印九方，其一爲郭麐刻"吉祥雲室"之印（圖11）[7]，邊款曰：

> 頻伽居士屬，古雲刻，甲戌（嘉慶十九年，1814）八月。

此印及籤條皆爲孫均僑居吳門時郭麐屬作。孫均畢竟世家子弟，郭麐《靈芬館詩初集》《三集》的刊刻都得到其資助。據孫均嘉慶十二年（1807）二月《靈芬館詩初集序》，去年（1806）冬在杭州，經高塏之介，郭麐與孫均訂交。孫均道光六年（1826）二月去世，郭麐爲作墓志銘，曰：

> 公精鑒別，藏書數萬卷，碑版、金石、錢幣靡不精妙。工書，入唐人之室。間作花卉，點染生動，皆懸然天得。[8]

作爲收藏家，孫均亦劉喜海友人，劉著載有孫在北京"狂購"古錢幣事迹：

> 古雲磊落多奇氣，博覽兼收癖若狂。市駿千金渾不惜，積如元圜夜生光。吾友孫古雲均襲伯，庚午辛未（1810~1811）間，曾不惜多金購古泉，極一時之盛。[9]

劉喜海所說絕非虛言，孫均是公認的古泉收藏大家，藏品極富，曾有古泉名品新莽中泉三十：

> 中泉所能知止一枚，嚮在吾杭周爾昌家，周後歸方鐵珊，周恒心戀之，顏其齋曰中泉小築，蓋寓意此泉也。今在吳門孫古雲家，孫亦古泉巨室。[10]

孫均結識郭麐時，即有南遷之意，郭麐云"君方有相宅之意，余勸其卜居魏塘"[11]，時郭麐已由吳江蘆墟移居嘉善魏塘，希望孫均能歸住一處。郭麐曾爲孫均收藏的金石書畫題詩賦歌，如柳如是畫作、石濤畫册、新莽錢範、南宋銅牌等，所作皆入《靈芬館詩集》。孫均正式僑居蘇州後，郭麐與之過從甚密，是爲摯友：

> 余與古雲定交十餘年，始相識於西湖，時移病歸里，嗣後往來南北，間一相見，見則歷旬朔。洎君南遷，僦居吳下，余主於其家者先後三載。余薄游江淮間，每歸及出，必留數日乃別，別後常若不舍然者。兩人踪迹各異，情性不同，而胸中各自有其殷軫鬱

結而不可以語人者，彼此相諭而亦不自知也。[12]

并爲孫均祖父孫士毅詩集校勘作序：

辛未歲（嘉慶十六年，1811），古雲卜居吴門，乃出公之詩爲《百一山房集》十二卷付之梓，屬麐任校勘之事。[13]

百一山房，亦孫均書房，齋名繼承自孫士毅。郭麐等一衆友人，如高塏、查揆、爻慶源等常會聚於此。孫均去世，郭麐有詩《哭古雲》，明年（道光七年，1827）亦作詩感舊，如同羊曇哭西州悼謝安，慟哭興悲，悼亡故友：

華屋依然逝不留，重來掃榻獨悲秋。勝情早結雲霞侣，晦迹堅辭名號侯。隨會儻能九原作，子車何惜百身酬？分明一樣西州路，底事羊曇無泪流。[14]

作爲碑拓收藏家，郭麐名不見經傳，此外未見其舊藏其他碑帖傳世。郭麐世代貧寒，無力高價弆藏名碑善拓，這本崔敬邕墓志應爲廉價得來。郭麐得碑之事，也折射出郭麐生前身後的崔敬邕墓志的鑒賞歷史。康雍乾間，崔敬邕墓志出土後，得到了陳奕禧、潘寧及曲阜孔氏等珍視，而嘉道咸間似乎爲人輕視，甚至在清末這種現象也時有發生[15]。其中嘉慶間戴光曾是個例外，其爲趙魏題跋曰：

魏崔敬邕墓志銘，康熙間始出安平土中，拓本絕少，余僅見曲阜孔氏重摹本。今於晋齋齋頭得見原刻，假歸欲得之，惜不能豪奪也。嘉慶己巳（十四年，1809）正月廿六日，檇李戴光曾記於武林客寓。[16]

如同郭麐一樣，先前趙魏收得，以及同光間顧文彬收得乃至轉賣給李鴻裔，想必價亦不昂。直到晚清民國間，崔敬邕墓志纔爲人所重，再焕榮光，價同宋拓唐碑善本。

因戴跋時在嘉慶十四年（1809），故郭麐獲得此本應在此之後，或許於當年孫均卜居吴門後爲拓本題籤之時，恰郭麐得之不久也。

晚清時費念慈爲劉健之跋"余所收陳秋堂本氈椎甚精"云云[17]，誤。關於此事，陳豫鍾録鄉賢金文淳跋時其說甚明，是"從晋齋借臨是碑，因録於後，乙卯（乾隆六十年，1795）九月十有九日"[18]。非陳豫鍾（秋堂）之藏。

經檢，此本末頁上鈐"何元錫借觀印"（圖12）[19]。雖然何元錫與趙魏、郭麐皆

圖12

尚友善、有往來，但何應借觀於趙，諒何趙二人相識於阮元浙江任上主持《兩浙金石志》的編撰而邀請他們訪拓境内石刻期間。此後，何經常向趙借閱碑拓，包括存世孤本北宋拓許真人井銘，該井銘留存何氏印鑒"夢華過眼""何元錫印"，以及嘉慶十九年（1814）何元錫、倪稻孫同觀於何氏書屋的款識[20]。此是題外話，恕不贅言。

注釋：

[1]詳見下文《可自怡齋》。

[2][16][18][19]《北魏墓志名品一：刁遵墓志 崔敬邕墓志 司馬昞墓志 張黑女墓志》，上海書畫出版社，2015年，第29頁；第49頁；第49頁；第47頁。

[3]楊廷福、楊同甫編《清人室名別稱字號索引（增補本）》，上海古籍出版社，2001年，第164、664頁。

[4]杭州西泠印社2019年春季拍賣會，0443號拍品。

[5]郭麐《靈芬館詩集》已由人民文學出版社點校出版，名《郭麐詩集》。

[6]參見馮承輝《國朝印識》卷2、葉銘《再續印人傳》卷1、葉銘《廣印人傳》卷5、李放《八旗畫録後編》卷中、趙爾巽《清史稿》卷330。

[7]丁仁、高野侯、葛昌楹、俞人萃輯《丁丑劫餘印存》卷8，上海書店，1985年影印本。

[8]〔清〕郭麐：《建威將軍散秩大臣襲三等伯孫公墓志銘并序》，《靈芬館雜著三編》卷2，清嘉道間刻本。

[9]〔清〕劉喜海：《嘉蔭簃論泉絶句》卷下，清同治鮑康觀古閣重刻本。

[10]〔清〕戴熙：《古泉叢話》卷1，臺灣廣文書局，1980年手稿影印本。

[11]〔清〕郭麐：《題孫古雲均上冢圖四首》，《靈芬館詩三集》卷4，見《郭麐詩集》，姚蓉、鹿苗苗、孫欣婷點校，人民文學出版社，2016年，第495頁。

[12]〔清〕郭麐：《贈古雲四十序》，《靈芬館雜著續編》卷2，清嘉道間刻本。

[13]〔清〕郭麐：《百一山房詩集後序》，《靈芬館雜著續編》卷2，清嘉道間刻本。

[14]〔清〕郭麐：《百一山房感舊》，《靈芬館詩續集》卷5，見《郭麐詩集》，姚蓉、鹿苗苗、孫欣婷點校，人民文學出版社，2016年，第972頁。

[15]後面要講到，當趙烈文爲李鴻裔之子李遠辰整理李鴻裔故去後遺留碑帖時，極爲詳細地作了記録，并寫入日記，但未見崔敬邕墓志，雖然原因未知，或許可以猜測是趙對墓志的忽視使然。趙似乎一直重視漢唐名碑及宋帖，相對較輕視六朝墓志。

[17]《崔敬邕墓志》，上海圖書館編《翰墨瑰寶——上海圖書館藏珍本碑帖叢刊》，上海古籍出版社，2006年，第44頁。

[20]《許真人井銘》，上海圖書館編《翰墨瑰寶——上海圖書館藏珍本碑帖叢刊》，上海古籍出版社，2013年，第6、18～19頁。

可
自
怡
齋

　　艮庵，是蘇州收藏巨擘過雲樓主人顧文彬的齋號，亦是其别號，源自其居住的庭院，已爲人熟知。顧氏存世手稿多見以艮庵爲名。如《艮庵老人手訂年譜》，現存蘇州檔案館。如《艮庵手稿》，現存蘇州圖書館，爲其詩文的集成[1]。

　　然而，可自怡齋，作爲顧氏齋號，人們稍陌生。尤其朵雲軒本題籤三條，其中之一爲"□自怡齋"[2]，稍殘缺，其究竟何人，長期以來爲人所不知。顧氏平生著述冠之可自怡齋名者，似乎衹有《可自怡齋試帖詩》。此書拍場有見，一是《可自怡齋試帖詩注釋》，署"元和顧文彬子山著"，同治末年刊刻，光緒初元刷印。一是光緒刻本《可自怡齋試帖輯注》，署"元和顧文彬子山著，甘泉王禄書硯耘注釋，儀徵嚴玉輝韞初、儀徵張寶恩石生、儀徵張兆蘭畹九校字"。均價格不貴。

　　近年，對可自怡齋新的發現，源自對朵雲軒本遞藏的關注。經網友考證，籤署"□自怡齋珍藏"者，即顧氏可自怡齋，詳見新浪微博網名"禪的行素"2020年8月1日文章：

　　是册拓本最末頁左下有"李氏鹿山""馥印"二印，可知最初爲李馥（鹿山）所藏。李馥（1662～1745）爲清初藏書家，康熙二十三年（1684）舉人，官至浙江巡撫。康熙五十年（1711，辛卯）潘寧跋時，疑是册在李馥處。潘寧另有一跋《崔敬邕墓志》

（南京博物院藏本），較此跋晚二十四年。李馥於浙江被除官職，是册或在杭州散出，後爲趙魏（晋齋）所得。陳豫鍾（秋堂）於乾隆六十年（1795，乙卯）自趙魏處借此拓本并録金文淳跋文。戴光曾於嘉慶十四年（1809，己巳），自趙魏處借得并留有跋文。

趙魏之後或另有收藏者，已不可知，後歸蘇州顧文彬。是册扉頁有二籤條，右側一條署："魏崔敬邕墓志銘。□自怡齋珍藏。"此籤條有磨損，一看便知原爲外籤，後移至册中。細審殘損之字，當是"可"字，"可自怡齋"是蘇州過雲樓主人顧文彬的齋號，對照顧氏書迹，此籤爲顧氏所書無疑。顧氏之後爲李鴻裔（蘇鄰）所得，李鴻裔辭官後定居蘇州，居網師園，與顧文彬父子等蘇州名家交往甚密。是册李氏得自顧家的可能較大。李氏於册中鈐有"郪江李氏文房"（三處）及"蘇鄰鑒藏"。

所論朵雲軒本的遞藏細節，尚待推敲，基本可取。遞藏者李馥、趙魏前文已及，李鴻裔則後文會及，對此，碑帖校勘前賢也有説明，唯顧文彬均未及。如方若、張彦生、王壯弘、馬子雲等，均没有談到蘇州顧氏與朵雲軒本的關係，蓋因不知顧氏有可自怡齋之齋號。楊廷福、楊同甫編《清人室名别稱字號索引（增補本）》列舉匯集了顧文彬不少齋號，如過雲樓、艮庵、怡園、眉緑樓、艤巢、鴛紅詞館、玉几山房等[3]，獨不見可自怡齋。

作爲爲蘇州過雲樓建立收藏體系的第一代主人，顧文彬於外地任職時，遠程遥控其子顧承，在蘇州大規模收集購買書畫碑帖古玩等，詳情可見現存之同治九年（1870）至光緒元年（1875）顧氏父子的通信[4]。仔細披閲這些家書，不難發現，可自怡齋是顧文彬早期使用的收藏齋號，因爲同治十二年（1873）顧文彬曾要求顧承將顧氏所有藏品皆歸於過雲樓名下，"不必别立名目"，甚至要將已做成的古泉拓本重做過，爲的是將所用名目更改過來，統一爲過雲樓。見該年五月二十七日顧氏家書：

過雲樓志在必傳，所藏書畫、金石、圖籍、古玩，悉以歸之，不必别立名目。兹見古泉拓本有畫餘庵名目，必應重刻過雲樓古泉拓本以歸畫一。馬泉已成大觀，然設使續有精者來，仍應不惜價值收之，并托人廣爲搜羅，以冀多多益善。所謂泰山不讓土壤，故能成其高；湖海不擇細流，故能就其深也。在京時曾見崇禎四馬泉一枚，鑄造甚精，雖非與古馬泉一類，遇有此等泉，亦可收入也。[5]

用爲齋號，顧文彬曾請馮桂芬、俞樾爲艮庵、可自怡齋書寫匾額，見同治十二年

（1873）十二月十日家書：

　　艮庵、可自怡齋兩匾，均可照題，一請校邠，一請蔭甫，書之最妥。退老小行草尚好，大字我不甚取。校邠或真草隸篆，聽其所爲，種種入妙也。過雲樓是否即用校邠舊書，若嫌小，再書亦可。前寄去於术，若未開價過去，可否即作爲潤筆？此老不願白書，而又不便受我家現物，祇可送禮物酬之。此老書，我所心折，即重複亦無妨也。[6]

　　校邠，即馮桂芬；蔭甫，即俞樾；退老，即吳雲。既然寫有匾額，就必有懸挂之處，可自怡齋、艮庵，實爲顧氏宅內或園內的廳堂。顧文彬與顧承議論修建怡園，關於是否要在園內立太湖石，涉及風水問題時，多有商討，數次提到園內的可自怡齋及艮庵。如同治十二年（1873）十二月十七日家書：

　　石笋雖佳，究不及竪峰之各有意態，除中峰之外，約計竪峰尚有五六塊，必須分布於可自怡齋及西方廳庭中，每院植二三峰，祇要布置得法，高低不一，顧盼有情，決不嫌多。[7]

　　又同治十三年（1874）正月十五日家書：

　　艮庵庭中定竪中峰，自怡齋庭中本不過立二三峰，如此布置，斷不至有礙東方生氣，汝切勿爲風水所惑，躊躇不決，并且切勿再請別位風鑒先生來看，多一人即多一番議論，反生出許多疑忌，甚無謂也。[8]

　　十九日家書：

　　過雲樓庭中萬無立大峰之理，唯自怡齋南首或尚可立，然必須索性請人來復看，毫無妨礙，方可竪得。[9]

　　上年先買曹氏之石，繼買趙園之石，填街溢巷，驚天動地，費了若干銀錢，零星碎石業已無從位置，所幸中峰等石已運入宅內，聊以自慰，不料臨時變卦，爲風鑒所阻，艮庵庭中竟斷乎不能立石，可謂敗興之極。[10]

　　顯然，可自怡齋，顧文彬有時也稱作自怡齋。對於可自怡齋之名，顧文彬一直甚爲歡喜，有着不一般的情感和精神寄托，如顧氏竭精殫力修建的怡園，其名之緣起可能也與可自怡齋有關，曰"則可自怡"，見光緒元年（1875）一月十八日家書：

至園名，我已取定"怡園"二字，在我則可自怡，在汝則爲怡親，似勝於"不園"也。[11]

怡園之內，顧文彬還提到自怡別墅，見同年四月二日家書：

怡園一隅祇可爲自怡別墅，不能作花園觀也。[12]

有關過雲樓及艮庵的具體位置，顧文彬《艮庵老人手訂年譜》説得很明確：

余在任時開拓住宅，東首兩落，其一改造"過雲樓"，上下兩層；前一進平屋三間，即"艮庵"。[13]

可自怡齋則究竟在哪裏呢？

回想當初顧文彬得知城內的趙園、曹園有三塊巨大太湖石竪峰，建議怡園可用，云"花廳、過雲樓、西方廳有三天井，恰好各立一峰"[14]，并結合上揭顧氏家書，可以推斷，此處顧文彬所説的花廳，即艮庵。1959年，陳從周先生曾詳細調查過蘇州舊宅，亦持此説，氏著云顧宅"東路爲花廳（名"艮庵"）與藏書樓（過雲樓）組成一個四合院"[15]。至於可自怡齋，其顯然與西方廳一處，顧名思義，應在怡園的西部，或稱爲西園。

20世紀90年代，政府申請蘇州園林爲世界文化遺産。爲宣傳蘇州園林，蘇州市園林和綠化管理局編《蘇州園林風景綠化志叢書》，成爲當代最權威的蘇州園林志書。據其中之《怡園志》，顧文彬之孫顧麟士曾書可自怡齋匾額，原即挂於怡園西部之藕香榭内[16]。

顧氏金石友人李鴻裔《顧子山方伯蓄湖石五峰於可自怡齋爲圖徵詩》曰：

塵事都無累，高齋可自怡。琴邊衆山響，花外片雲奇。書畫成清癖，谿山壽大癡。家風傳萬石，借喻不支離。

碧玉環中坐，疑君是偓佺。一庵如海岳，五老共周旋。好飲窪尊酒，還參雪竇禪。底須雙不借，繞到閬風巔。[17]

自怡，語出唐張九齡《夏日奉使南海在道中作》"行李豈無苦，而我方自怡"，顧文彬用之比喻讀書、比喻收藏，寓韵深長，有點"在路上"而"自得其樂"的意思。

注釋:

[1]《艮庵手稿》一册，已由文匯出版社2020年點校出版，名《顧文彬詩文稿》。

[2]見前章《吉祥雲室》圖10。

[3]楊廷福、楊同甫編《清人室名别稱字號索引（增補本）》，上海古籍出版社，2001年，第990頁。

[4]顧文彬家書原名《宦游鴻雪》六册，點校本已由文匯出版社2016年出版，名《過雲樓家書》。

[5][6][7][8][9][10][11][12][14]〔清〕顧文彬：《過雲樓家書》，文匯出版社，2016年，第254頁；第335頁；第337頁；第350頁；第350～351頁；第351頁；第473頁；第500頁；第322頁。

[13]轉引自沈慧瑛：《過雲樓檔案揭秘》，古吴軒出版社，2019年，第11頁。

[15]陳從周：《蘇州舊住宅》，同濟大學出版社，2018年，第52頁。

[16]蘇州市園林和緑化管理局編《怡園志》，文匯出版社，2013年，第59頁。

[17]〔清〕李鴻裔：《蘇鄰遺詩》卷下，清光緒遵義黎庶昌日本使署刻本。

李鴻裔、李遠辰父子

前章考證了朵雲軒本籤條中的"可自怡齋"，即蘇州過雲樓主人顧文彬的齋號，現在接着這個話題來談談顧文彬與李鴻裔的遞藏關係。

李鴻裔（1831～1885），字眉生，號香巖，晚號蘇鄰，四川中江人，官至江蘇按察使加布政使銜，晚年寓居蘇州，清末著名金石書畫收藏家、書法家、學者，有《蘇鄰遺詩》《髯仙詩舫遺稿》《蘇鄰日記》《靠蒼閣日記》等存世。朵雲軒本鈐有李氏兩枚印鑒"郪江李氏文房""蘇鄰鑒藏"，故其本人已被近現代碑帖鑒賞家視作崔志拓本的一個重要遞藏者，甚至在金石學史上被寫入其小傳中。褚德彝《金石學録續補》卷上：

李鴻裔，字眉生，又號蘇鄰、香岩，四川中江人，官江蘇按察使。博學能文，工書，好金石文字。藏有郘季卣、黃中匜等十餘器，頌鼎當爲各器之冠。又藏魏《崔敬邕墓志》、秦《廣武將軍碑》，均石墨中有數之品。[1]

除了崔敬邕墓志之外，李鴻裔重要的碑帖藏品有明拓伊闕佛龕碑、宋拓虞恭公碑和北宋拓九成宮醴泉銘。前者爲何良俊舊物，李身後歸費念慈，現藏中國國家圖書館。次者爲張培敦、顧文彬舊物，現藏中國國家博物館。後者現藏日本三井文庫聽冰閣，在傳世甚夥的宋拓醴泉銘中，李鴻裔本很著名，年代很早。

李鴻裔在自己收藏的碑帖上，包括崔敬邕墓志及以上三本（三龕碑、虞恭公碑和醴泉銘）中，多鈐上揭二印，很少作墨筆題跋，更不用説通過題跋論述拓本的來龍去脈了。加之李鴻裔與顧文彬爲同一時期人，同在蘇州，過從甚密，時常交流碑帖與鑒賞心得，包括交易藏品。崔敬邕墓志拓本是從李傳到顧，還是從顧傳到李，似乎是一個需要探究的問題[2]。

據傅增湘《宋拓本隸韵跋》，李鴻裔故後，藏品星散，顧文彬多有所得：

> 光緒中葉，爲吾鄉李眉生廉訪所得，今册中"鄞江李氏"及"蘇鄰鑒藏"二印尚存。眉翁僑居吳門，其蘧園與子美滄浪亭近距咫尺，故以"蘇鄰"自號，惜未加題識耳。眉翁殁後，古書名畫一時星散，咸爲顧子山、吳清卿、沈仲復、陸存齋、汪柳門分攜以去，而費祀懷太守所獲尤多。[3]

儘管顧文彬有所得，但顯然費念慈"所獲尤多"，是爲大宗，單獨列出。且據考察，費所得多爲碑帖，而顧氏過雲樓及其繼承人顧麟士所得多爲古籍善本，如著名的宋刻本《龍川略志》《别志》。傅增湘《校影宋本龍川略志别志跋》：

> 鄉人李香嚴廉訪舊藏宋刊本《龍川略志》《别志》，號爲孤本秘笈。廉訪身後，篋藏盡散，是書爲吳門顧鶴逸所得。辛亥以還，余數數往來吳中，因識鶴逸於怡園，獲觀是書，昨歲更影寫一本相寄，將以入吾《蜀賢遺書》中。[4]

李鴻裔身後，其碑帖多歸費念慈，古籍多歸顧麟士，似乎毋庸置疑。另一方面，如上章所言，同治末年顧文彬致顧承家書，要求將顧氏所有藏品皆歸於過雲樓名下，不必别立名目，且可自怡齋用作碑帖收藏的名號，是顧文彬早期使用的。故該本李鴻裔得自顧文彬無疑，而不是相反。

關於李鴻裔與顧文彬的交往，以及李氏向顧氏購買碑帖書畫之事，顧氏過雲樓家書所記稍詳，多在同治年間，諒崔敬邕墓志拓本由顧氏轉歸李氏亦在此間。李鴻裔在得到該拓本之前，多次從顧氏借來臨賞，其中一次留有款識（圖13）：

> 崔敬邕碑，康熙間始出土，純是漢隸法乳，無北朝傾側粗獷之習。同治壬申

（1872）鴻裔識。[5]

對於李鴻裔的臨寫，袁昶（爽秋）贊不絕口：

爽秋同年言，頃見李眉翁所臨《崔敬邕碑》風格無倫，不禁傾倒。[6]

又見同治十三年（1874）六月十一日李鴻裔日記記載：

圖13

晴，晨起，祀先。看汪度格言一卷。飯後出城，答拜質堂，已開舟去，歸路至金石居長談，聞旭人病差減。酉初歸，顧駿叔携《千文》來觀，并論畫理繁易而簡難。夜臨龍藏寺，作縣（懸）臂書。

上有眉批：

崔敬邕碑借臨（圖14）。[7]

此當指崔志拓本借自顧承（駿叔）。顯然，時拓本未歸李氏。在李鴻裔與顧氏父子的交往過程中，李多次從顧家借閱借臨碑帖，有些最終買了下來，諒崔敬邕墓志即其之一。故李鴻裔得崔志應在同治十三年（1874）六月之後。常言道“物聚於所好”。此事説明李比顧更看重崔志墨本，也反映出在碑帖收藏上李比顧更有眼光，更有學養，從而更有前瞻性，而顧的碑帖收藏較爲保守，多看重宋拓唐碑名品及宋拓宋帖。

李鴻裔生前臨寫崔敬邕墓志多次，并將臨本贈予友人，日後成爲文人互贈之佳品。見光緒十七年（1891）二月初二日李超瓊日記記載：

是日，寄唐蓬洲瀏陽、高竹潭完縣各一書，均以李眉生先生所書《崔敬邕碑》墨拓贈之。[8]

又見光緒十八年（1892）三月二十六日葉昌熾日記記載：

赴網師園應李遠辰之招，見紫璈、松塗，尚有三客，皆蜀人，不及訊姓名也。遠辰贈香嚴丈遺集、唐鑄萬潛書、香嚴所臨崔敬邕志石刻本。[9]

李鴻裔故於光緒十一年（1885），此後拓本由其子李遠辰（一名遠臣）收藏[10]。光緒十三年（1887）二三月間，遠辰請趙烈文整理其父李鴻裔遺物，趙氏日記所載甚詳。事關乎李氏收藏，文獻資料難得，且多有考證及校勘，不揣累牘，悉錄於此：

二月癸卯，二十六日甲申。午前登岸訪客，先至周甥家少坐。次候李遠宸久譚，約吾爲整比其先人遺籚，許之。

二十八日丙戌。巳刻雇小舟至葑門，遣招周兹明再甥來。同至李氏，主人爲設榻於看雲讀畫軒中。眉生藏金石拓字畫甚富，身後爲姬人匿之不出，嗣子遠宸挾余爲重，始將碑帖檢交，凡數百本，大都殘頭缺尾，雜亂無章。本日爲分漢魏六朝、唐宋元明諸碑暨諸會帖，各置一桌，手批口説，迨暮始畢。夜兹明爲言遠宸有子號友鷴者，最俗惡，不願乃翁召客入觀，頗有异言。余爲憮然，甚悔孟浪。

圖14

二十九日丁亥。巳刻主人乃起，啓扃入室，盡日之力，看漢碑一百餘册，内沙南侯真拓，外間頗希，惟何子貞家有之耳。其餘《禮器》《校官》《韓仁》《張遷》《孔宙》之類，國初乾隆時黑拓居多，不甚足异。亦有近時新拓者，爲定上、中、下三等。是日原船來。

三十日戊子。巳刻接看魏晉六朝、北魏、周、齊、唐碑三百餘册。内惟唐碑《伊闕佛龕銘》最精，此碑舊拓皆至"因山簉"三字爲止，斯本多至百餘字，册尾有明人跋尾（忘其名），蓋元明間拓矣。聞得之潘順之家，值甚重。又王《聖教》未斷本，紙墨俱太新，恐非真物。又兩《麓山寺碑》，字甚肥潤，拓手勝余本，而後銘不全，視余本少二十餘字。又《廟堂碑》拓亦精，有高江村四跋并金筆照内府唐本補書缺字。其餘無甚出奇之品。亦照昨分等。

三月甲辰，朔日己丑。是日巳刻接看宋元碑數十册。宋碑内有《司馬温公神道碑》二本，均係金人重模刻者，此碑立於元祐之末，紹聖初即毁，原拓世唯一本，由族祖味辛先生處流轉入余家，正文裝兩大冊，題跋一大冊，厚至二寸，自元明至國朝乾嘉間名迹大半在內，共裝一楠木匣。道光末年，居陽羨時遭知者竊去，自是絕響。若今世複本則比比皆是，不足言也。又舊拓《醉翁亭記》，爲吾兄貞明先生物，與《豐樂亭記》同時售與李氏，今《豐樂亭記》獨未見。又元人默庵記，係割截顏碑而爲此文，曾藏孫退谷家，題稱宋拓，眉生譏之，謂安得有宋拓元碑？然余觀之，直是元人取顏碑拓本割裝，非重摹於石而後拓者，退谷之言非盡孟浪。

看碑畢，又接看單行帖數十冊。內《黃庭經》一種，與余本字體毫髮無二，紙墨亦同，而字口稍泐，後有元人貢仲章、明人王元美跋俱真，推崇甚至，其爲宋拓無疑。無怪眉生初見余本百計求之也。又越州石氏本《靈寶度人經》極精，即停雲之祖刻。又穎本《黃庭》《蘭亭》，《黃庭》頗佳，《蘭亭》則遠不逮余本，後亦有龔丘張登雲跋，與余本僅再見耳。眉生自跋云“張跋在《黃庭》後，而《蘭亭》前一行有‘蘭亭叙唐臨絹本’七字，末一行有‘允仲’及‘墨妙筆精’二印，隱符山陰繭紙，烏絲三十行，首尾皆空一行之規制”云云，語殊不確。余藏本首尾題印，其距絲闌皆有空處甚闊，是李第見後人割湊之本，而未睹原紙少受剪削之本也。李生時又謂余云張登雲字登子，山陰人。按龔丘爲今之山東寧陽縣，與山陰何涉？金石家好考據，而多恃臆說如此。又各種《蘭亭》匯裝數冊，下駟居多，未見駿骨。又白玉、綠玉《十三行》匯裝，甚誇原刻，未見勝人處。

看單本帖畢，接看殘會帖。有《淳熙秘閣續帖》內之《張九齡告身》一種，又《群玉堂帖》內之《懷素千文》一種，前後收藏印章無慮數百，然亦平平，非驚人之物。又宋拓洪盤洲《隸韵》殘刻二部。其一裝六本，有秦敦甫、徐紫珊等跋，云是天一閣物。秦自稱亦有一本，而徐跋云秦本已失於金陵兵燹，此本亦在上海城陷後保全得出云云。其一裝八本，有錢辛楣跋，亦云是天一閣物，究竟孰是孰非，二本之闕存，是否可以相補，無暇正定之也。洪景盧序《婁氏字原》云：“吾兄文惠公爲五種書，曰釋，曰贊，曰韵，曰圖，曰續，四者備矣，惟韵書不成。”然則此《隸韵》非洪作也。又按嘉（慶）十五年，揚州影刊《隸韵》十卷，即此拓之完本，是殘帙亦不足貴矣。

看殘帖畢，接看匯帖十餘種，凡三四百冊。有真賞齋二本，來禽館、餘清館、停雲館、戲鴻堂之屬，亦不全居多。計三日中看碑帖八九百本。配完殘闕者百餘種，爲之錄目，分上、中、下三等，手批口命，中者加以觀印，上者復作小跋，可謂神速。於此一門，誠有褝李氏藏匣不細矣。眉生在時余所見者，尚有漢碑中《韓敕》、梁碑之《瘞鶴銘》最精，唐碑中之《九成宮》，同州《聖教》原本，帖之松雪齋本《黄庭》，匯帖中之澄清堂、汝帖、淳化祖石、星鳳樓等，此行均未之見，見者亦皆中品，蓋精華已去大半矣。余本欲看碑畢接看書畫，而主人浮慕風雅，意不在此，其子又生歧念，余數日精力大費，兩夜不眠，無人知之，遂决意辭去，當晚即下舟。[11]

崔敬邕墓志此時還在李家，而趙氏日記未涉及，原因不詳。另外，如趙氏日記“上者復作小跋”云云，李氏舊物現存於世之虞恭公碑存趙跋：

光緒丁亥（1887），陽湖趙烈文觀於李氏之東震谿堂，時爲香岩翁理董遺匣也。中春晦日題記。[12]

三龕碑存趙跋：

光緒丁亥（1887）中春，能静居士趙烈文觀於鮮谿之東震谿堂，欣賞愉快，識此。[11]

跋記之事與日記吻合。光緒十四年（1888），李遠辰將崔敬邕墓志借予任道鎔雙鈎摹寫，姑蘇梓文閣刊刻傳世。刻本存任氏尾跋，叙刊刻淵源（圖15）：

是碑在直隸安平，《集古》《金石》二録皆未載。康熙間始出土，拓本甚少。此本爲李香岩方伯所藏，假歸鈎摹，鋟板以公同好。光緒戊子（1888）十月，寄翁識。[14]

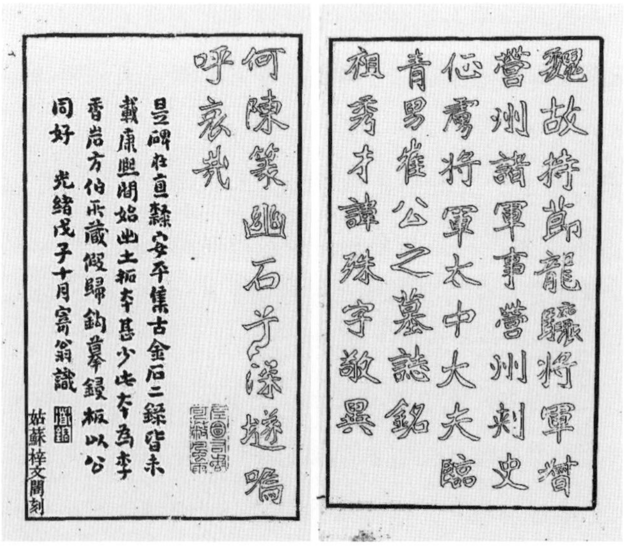
魏故持節龍驤將軍督
營州諸軍事營州刺史
征虜將軍太中大夫臨
青男崔公之墓誌銘
祖秀才諱殊字敬異

何陳篆幽石于隧嗚
呼哀哉

是碑在直隸安平集古金石二録皆未
載康熙間始出土拓本甚少此本為李
香岩方伯所藏假歸鈎摹鋟板以公
同好 光緒戊子十月寄翁識
姑蘇梓文閣刻

圖15

任道鎔（1823～1906），字礪甫，别號筱沅，晚號寄鷗，自稱寄翁，江蘇宜興人，蘇州怡園結社後期參與者。另外，光緒十五年（1889）姚覲元日記不僅記録李遠辰將拓本借予姚覲元勘校之事，還記録了惲炳孫贈刻本予姚覲元之事。見該年正月二十四日姚覲元日記：

李遠辰來，盛服而携書畫

一箱，云來就正以余，而又不盡出，僅以碑帖四種、手卷書畫三種相示。即向其借觀懷素《千文》一册、《隸韵》殘本六册，皆宋拓也。《魏崔敬邕墓志銘》一册，亦著名之物，其實是康熙間安平出土，北碑似此者亦多，不過因此拓本少，故遂稍奇耳。[15]

該年二月十八日姚氏日記：

季文以任筱沅中丞所刻《崔敬邕碑》雙鈎本相貽，因假李香岩所藏原拓本校之，摹失處甚多，擇其最謬誤者手自鈎摹，黏諸刻本以正之。[16]

圖16

姚覲元（1823～1890），字彥侍，浙江歸安人，金石家、藏書家、目録學家。季文，即惲炳孫（1854～1919），字季文，號淡翁，江蘇陽湖人，家學淵源，工書畫詩文詞曲，曾師事俞樾。基於崔敬邕墓志拓本的稀有性，并非人人有幸覩見原本，任氏雙鈎刻本亦成爲好古者之間的饋贈品。時姚惲二人均寓蘇州，惲與姚氏、任氏均交好，故有此類饋贈。此説明墓志刻本之影響不容小覷，更不用説崔敬邕墓志之本身矣。經檢，朵雲軒本墨拓之尾存姚覲元鑒賞印"彥侍籍讀"（圖16）[17]，即記録了這次借閱、讀碑、校勘之經歷，與姚氏日記吻合。

據楊宜治日記記載，該年下半年，李遠辰去北京，并隨身携帶了一些碑帖[18]，此時費念慈恰也在北京，寓丈人徐郙處。楊宜治、李遠辰、費念慈都是一個圈子內人物。是這次北京之行時李遠辰將崔志轉賣給了費念慈嗎？這種可能性是很大的，因爲費念慈與李遠辰在蘇州時即相識，并交好。如拍場有見費念慈贈李遠辰手臨趙孟頫《閑邪公家傳》楷書册，費氏款識曰：

光緒十二年（1886）十二月，費念慈臨。後二年戊子（1888）正月，贈遠辰尊兄正定。念慈又記。[19]

注釋:

[1]〔清〕李遇孫、陸心源、褚德彝:《金石學録三種》，桑椹點校，浙江人民美術出版社，2017年，第205頁。

[2]復旦大學陳麥青先生與筆者討論過這個問題。

[3]傅增湘:《藏園群書題記》卷1，上海古籍出版社，2022年，第65～66頁。

[4]傅增湘:《藏園群書題記》卷8，同上，第493頁。

[5]《李鴻裔臨崔敬邕碑》，民國上海大衆書局石印本。

[6]〔清〕楊宜治:《楊宜治日記》，李文傑整理，上海人民出版社，2020年，第196頁。

[7]〔清〕李鴻裔:《蘇鄰日記》，《上海圖書館未刊古籍稿本》第18册，復旦大學出版社，2008年，第43～44頁。

[8]〔清〕李超瓊著、蘇州工業園區檔案管理中心編《李超瓊日記:元和—陽湖—元和》，江蘇人民出版社，2012年，第67頁。

[9]葉昌熾:《緣督廬日記》第四册，廣陵書社影印本，2014年，第1988頁。

[10]關於李遠辰，《姚覲元日記》載:光緒十四年（1888）二月二十一日，"文小坡携李遠辰來談。遠辰，梅生廉訪之嗣子，愚呆，每爲人所誑，易笏山父子，其最著名者耳"。見《姚覲元日記》，董婧辰、董岑仕整理，鳳凰出版社，2022年，第369頁。

[11]〔清〕趙烈文:《趙烈文日記》第6册，樊昕整理，中華書局，2020年，第2904～2907頁。原書標點有誤處，徑改。

[12]《歐陽詢虞恭公温彦博碑》，安徽美術出版社，2018年。

[13]《宋拓伊闕佛龕碑》，西泠印社出版社，2019年。

[14]《雙鈎崔敬邕墓志》，清光緒姑蘇梓文閣刻本。

[15][16]〔清〕姚覲元:《姚覲元日記》，董婧宸、董岑仕整理，鳳凰出版社，2022年，第411頁;第416頁。

[17]《北魏墓志名品一:刁遵墓志 崔敬邕墓志 司馬昞墓志 張黑女墓志》，上海書畫出版社，2015年，第47頁。

[18]據《楊宜治日記》:光緒十五年（1889）九月二十二日，"曾蜀章招飲，晤眉生先生令嗣李遠辰貴猷";二十三日，"李遠辰過舍，觀眉翁書及余庚午贈眉翁四律";二十四日，"回看李遠辰，觀眉翁舊藏，有右軍真迹《千文手卷》，晋唐以來名人印章、題跋殆遍。又南唐刻澄清堂祖本，眉翁有校勘六紙，余録於重摹本之後。又趙吳興墨迹《道德經》小楷，用筆如疾風驟雨，畫畫平横，鋒穎逼露。又坡書温公碑中楷，最初之拓，紙墨古厚，點畫新顯，皆絶品也"。同[6]，第245頁。

[19]北京翰海2008年金秋（總第63期）拍賣會，0647號拍品。

費念慈與陶濬宣

　　朵雲軒本在李家傳承兩代（李鴻裔李遠辰父子），即散出。李氏之後歸於何人呢？王壯弘在言其晚清民國的弆藏歷史時，認爲曾經陶濬宣收藏，稱"陶心雲本"，見氏著《增補校碑隨筆》：

　　費念慈本，即陶心雲本，初爲李鴻裔所藏，後爲新安程屺懷以千金得於上海，1959年攜歸鄉里，1979年程氏後人來滬求售，曾見之[1]。

　　原因似在於册後所存的陶濬宣跋（圖17）：

　　此志字體在刁遵、李超之間，道麗絶倫。北朝書派世重崔、盧，此當是真迹也。光緒乙未（二十一年，1895）秋九月，陶濬宣記。[2]

　　經查，此時陶濬宣歸自嶺南，返回鄉里，營造東湖園林，興辦東湖書院，造福桑梓。顯然，王壯弘言及此前此後遞藏者，即李鴻裔與新安程氏時，皆言之鑿鑿，而關於

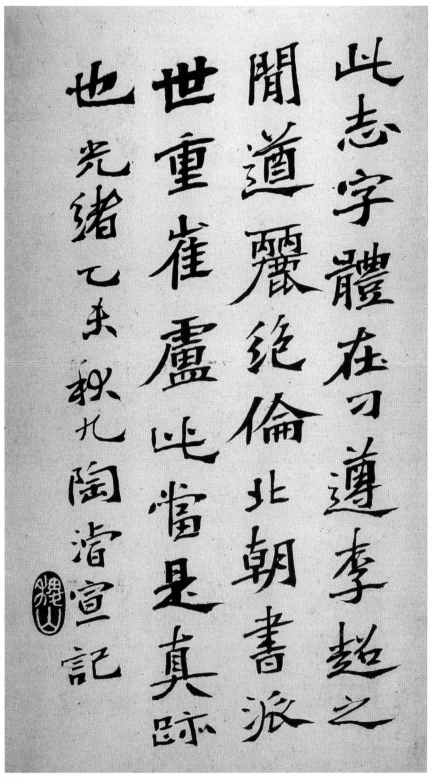

此志字體在刁遵李超之閒道麗絕倫北朝書派世重崔盧此當是真跡也光緒乙未秋九陶濬宣記

圖17

費念慈與陶濬宣之間究竟是如何之遞藏關係，則含糊其辭。試問：陶是爲費題跋嗎？然未言此爲費氏之物，難道是己藏嗎？難道於二人之間，此本存在着遞藏關係嗎？陶跋未明説收藏者，即是疑竇産生的緣由。

費念慈（1855～1905），字屹懷，號西蠡，江蘇武進人，古籍碑帖收藏家，光緒間進士及第，授翰林院編修，與翁同龢、汪鳴鑾、江標、繆荃孫、文廷式、鄭孝胥等友善，有《歸牧集》。

陶濬宣（1846～1912），原名祖望，字文冲，号心雲，別號東湖居士、稷山居士，浙江紹興人，書法家、藏書家，舉人出身，有詩集、日記、隨筆多種。

同時代人，互爲金石之友，在京師及江浙過往頻繁，時常切磋碑版，故陶爲費題跋，或拓本於二人間傳承，這兩種可能性都有。無怪乎王壯弘説起朵雲軒本之前“爲李鴻裔收藏”以及之後“爲新安程屹懷以千金得於上海”言之鑿鑿，而及至費念慈與陶濬宣之間遞藏關係則含混其辭。

由於缺乏相關的直接證據，爲解決這一會讓人“含混其辭”的難題，不妨以費藏陶跋的元公姬氏墓志從旁佐證。該本原藏於北京文物公司（現爲北京市文物交流中心），存費念慈三位友人楊峴、陶濬宣、張謇題跋。楊峴跋：

隋大業十一年太僕卿元公夫婦志，包容伯先生拓本，王蘭泉司寇《金石萃編》失收，豈當時未出土邪。字畫完好，又亦嚴整，空字處或刻手失補。案隋至恭帝義寧二年五月入於唐，上距煬帝十一年不滿四年，故筆墨間純乎唐派，此事自開風氣，不可勉强。原石今在何處，俟晤屹懷詢之。光緒己丑（十五年，1889）正月，七十一叟楊峴題。[3]

陶濬宣題籤并跋：

隋太僕元公雙志，光緒壬辰（十八年，1892）五月，陶濬宣書。

此志空字之例爲它碑所無（它志但空葬地，無缺名字郡邑者）。古刻皆書丹，疑鐫石時誤拭丹文，留空以待補寫，而其時當大業十一年，海内大亂，瑣尾流離，倉卒蔵事，未及補完耳。元公名字北史《周》《隋》二書無可校補，夫人姓姬，據《魏書·衛操傳》當是“代人”二字。光緒壬辰，陶濬宣記。

近出蘇孝慈碑與此字體相同，皆決非歐書。兩志包安吳定爲率更書，故當時翻本有署歐陽詢書字者，昨又見一全文，極精，唯元公志“婥”字筆迹小誤，疑又一複本也，然幾欲渻真矣。此石嘉慶二十年始出於西安，今殘石仍存陽湖陸氏。見山疑王氏《萃編》失收，蓋未之考也。濬宣又記。[4]

張謇跋：

甲午（光緒二十年，1894）八月從屺懷前輩借觀，旋奉諱遽歸，未及檢還。家居又因蔣書箴同年得觀凌陛卿同年藏本，覆校字畫，纖悉無異。因慫恿石印，不得完本精拓，則石印勝翻刻，固相萬也。丙申（光緒二十二年，1896）正月，寄還題記，張謇。[5]

三人跋作於光緒十五年至二十二年（1889～1896）間，前後間隔長達七年，顯然拓本一直爲費念慈收藏，從未歸於陶濬宣。此本墨拓上存有陶氏印鑒二枚"陶濬宣""濬宣長壽"，衹不過其是作爲鑒賞者而鈐打的。與崔敬邕墓志上陶濬宣題跋一樣，這裏陶氏題籤并跋，未明説爲費念慈所藏。不明説收藏者是何許人，這或是陶氏書寫題跋的習慣，但并不意味着東西就是他自己的藏品。崔敬邕墓志亦可作如是觀。

另一方面，晚清民國間碑帖鑒賞家及收藏家的文字均表明，崔敬邕墓志費念慈清末得自李氏，且一直存於篋匣，并時常與一眾友人讌集賞鑒。光緒二十七年（1901）正月二十七日鄭孝胥日記：

夜，應費屺懷之約於公陽里，觀所携《詒晉齋帖》一本，有吳荷屋跋；《絳帖》一本，最佳；《閣帖》一本，費云，非祖本，乃泉州刻，神采極佳；《常醜奴志》，後有翁覃溪響拓一本并跋語；《崔敬邕志》，乃初拓本；皆佳。坐間晤顧緝庭、楊彜卿、祝少英、趙竹君、王旭莊、孫述庭等，竹君約廿八晚。至十二點乃散。[6]

光緒十四年（1888）十月，任道鎔梓文閣雙鈎木刻崔敬邕墓志刊行，任氏本人曾寄贈予一位名"蕎六"者，此本存後者題記：

崔敬邕墓志銘，魏熙平二年。任寄翁雙勾李氏家藏本，原拓今歸武進費氏。光緒甲辰（三十年，1904）陽月，蕎六題記。[7]

顯然，與費念慈及陶濬宣同時代的人，均未提及陶收藏過該志之事。二人亡故後（雖然陶晚於費去世七年），也未見有陶收藏之事的記録。羅振玉《雪堂所藏金石文字簿録》在著録己藏崔敬邕墓志拓本（現藏日本台東區立書道博物館）時，涉及另外三本，即費念慈本（現在朵雲軒）、端方本（現在上海圖書館）、劉鐵雲本（現存嘉樹堂），他寫道：

> 崔敬邕墓志，石久佚。此石康熙間出土，不久即佚，傳本至少。此本以外，予所見
> 者三本：其一爲李香嚴廉訪所藏，後歸費屺懷；其二均爲劉君鐵雲所藏。一本乃兩殘拓
> 合并，後歸端忠敏公；一本鐵雲身後歸王君孝禹，孝禹没，歸毗陵陶氏。[8]

　　羅説端方舊藏兩殘拓合并之本，稍誤，此題外話，不論。基於陶北溟得劉鐵雲本是
於1915年1月，不僅費念慈早去世，而且陶濬宣也去世了，但羅仍未及陶濬宣有得崔志之
事。故可以肯定，陶濬宣不是崔志朵雲軒本的遞藏者，無論在費念慈之前還是之後皆如
此。作爲藏家的友人，陶濬宣僅僅是該本的題跋者、鑒賞者。非如潘寧跋未言誰之藏者
多爲己藏，而陶濬宣跋雖亦未言誰之藏者，則非己藏而是他藏也。跋者千差萬別，做派
亦無同一模式，須一一了斷。

　　除了劉鶚曾將此志印行傳世外，清末另有一石印本刊行，亦存陶濬宣跋，與朵雲軒
本陶跋相較僅多出一句話，詳見仲威先生的論述：

> 光緒間陶濬宣曾將此本石印，限於當時條件，印刷粗劣，字形失真。石印本中未
> 收録潘寧、陳豫鍾、戴光曾題跋，僅有陶濬宣自跋，但此跋與現存陶氏題跋不一，舊跋
> 云：“此志字體在刁遵、李超之間，遒麗絶倫，北朝書派世重崔盧，此當是真迹也，海
> 内已無第二本矣。光緒乙未（二十一年，1895）秋九月，陶濬宣記。”舊跋較今跋多出
> “海内已無第二本矣”語句，可能陶氏後來得知另有莫枚藏本、劉鶚藏本等，遂將原跋
> 中“海内已無第二本矣”删去重題。[9]

　　筆者以爲，此石印另有底本，當爲一贋本，而非朵雲軒本。光緒二十九年（1903）
三月寒食日前後，莫枚將得於蘇州之崔敬邕墓志拓本（現存日本台東區立書道博物
館），重付裝池，手書三跋紀之，其中一跋涉及此石印本：

> 蘧園李氏本近歸武進費氏，宜興任氏曾雙鈎刻木行世，因之吴中贋本遂多至四五，
> 率皆未見原拓，去道千里。且將首列祖父題名二行移列銘詞之後。富人子某曾以鉅金得
> 贋本付諸石印，風行一時。[10]

　　1979年南博本首次單色影印出版時，編者撰寫的“簡介”曾將此陶濬宣題跋之晚清
石印本或其底本稱爲“陶心雲本”，與端方本、劉鶚本、劉體乾本、費念慈本并稱南博

本發現之前存世的五本[11]。2000年南博本再版時，編者"簡介"再次沿用此種説法，説明文字幾乎一字不變[12]。顯然是不正確的。

筆者推測，陶濬宣當時在蘇州或附近鑒賞此本，并爲之題跋。見陶濬宣《君子圖》四屏，作於該年秋八月，時在常熟，恰於蘇州一帶。四屏款識：

漁洋山人小象。光緒乙未（1895）中秋，文川仁兄索題，陶濬宣。

放翁先生小象。西吳費氏丹旭有此本。光緒乙未（1895）八月，假摹於虞山官舍，濬宣。

隨園老人小象。光緒甲申（1884）自杭州丁氏假摹。文川我兄復轉寫之，并屬題記。乙未（1895）八月，陶濬宣時客虞山。

山碧湖光結伴尋，六橋烟月對清吟。詩家未可輕臺閣，此是康熙兩翰林。二老風流寄畫圖，生綃淡墨幾傳摹。吾曾亦是畫中蠹，可得它年寫照無。紀文達公題竹垞、西河兩先生象。光緒二十一年（1895）八月，會稽陶濬宣録。[13]

費念慈與陶濬宣友善，如費念慈父親去世後，曾請陶濬宣爲墓志書丹[14]，而此跋當爲費念慈囑書。新見上海博物館費念慈舊藏宋拓李玄静碑，爲費當年新得碑拓之後即囑陶書題：

張司直元静先生碑。此天壤間宋拓孤本。光緒辛卯（光緒十七年，1891）冬，西蠡新得，屬濬宣題。[15]

故陶濬宣爲費念慈作書乃經常之事，崔敬邕墓志陶跋自不例外。

注釋：

[1]王壯弘：《增補校碑隨筆》，上海書店出版社，2008年，第193頁。與王氏所説稍有不同，南博本分别於1979年及2000年由上海書畫出版社兩次出版，編者撰寫的"簡介"均謂另存有"陶心雲本"。文末對此稍加分析介紹。

[2]《北魏墓志名品一：刁遵墓志 崔敬邕墓志 司馬昞墓志 張黑女墓志》，上海書畫出版社，2015年，第51頁。

[3][4][5]《隋太僕卿元智暨夫人姬氏墓志銘》，中華書局香港分局，1985年。

[6]鄭孝胥：《鄭孝胥日記》第2册，中華書局，1993年，第788頁。

[7]北京泰和嘉成2009年秋季拍賣會，0751號拍品。

[8] 羅振玉：《雪堂所藏金石文字簿録》，《羅振玉學術論著集》第7集，上海古籍出版社，2010年，第209～210頁。

[9] 仲威：《碑帖鑒定要解》，上海書畫出版社，2015年，第217頁。

[10]《崔敬邕墓志》，日本大正二年（1913），博文堂珂羅版單行本。

[11] 編者簡介："原石拓本稀如星鳳。在此之前凡五見：一、端方藏濃淡拼合本；二、劉鐵雲藏本；三、劉健之藏本；四、陶心雲藏本；五、費念慈藏本。這是近年新發現的一本，有山陰潘寧題跋；拓墨精佳，完整無缺；筆道勁挺，筆意俱存，是傳世諸本中較好的一本。現藏南京博物院。"見《北魏崔敬邕墓志》，上海書畫出版社，1979年。

[12]《崔敬邕墓志》，上海書畫出版社，2000年。

[13] 上海朵雲軒2018春季拍賣會，0070號拍品。

[14] 見費念慈致繆荃孫書一："葬期漸近，墓志寫刻，非四十日不能畢工。敢求椽筆賜撰志銘，乞心雲書石，郘亭篆蓋。"書二："承撰先公墓銘，捧讀之餘，伏地哀感。適在山中，即日馳詣上海，屬心雲書石，頃復馳歸，已鈎勒石上。"載《藝風堂友朋書札》，錢伯城、郭群一整理，顧廷龍校閱，上海人民出版社，2018年，第488頁。

[15] 上海博物館編《玉楮流芳：上海博物館藏宋元古籍精粹》，上海書畫出版社，2023年，第269頁。

劉鶚

劉鶚（1857～1909），字鐵雲，號老殘，江蘇丹徒人，寄籍山陽，精通文學、醫學、音律等。存世崔敬邕墓志拓本中，劉鶚舊藏本最著名，時稱劉鐵雲本，得自揚州成氏。

揚州成氏，亦稱興化成氏、邗上成氏或江都成氏，其弆藏碑帖之事，暫無考，唯見羅振玉《貞松老人外集》卷2記載水前拓本瘞鶴銘，云："'夆岳徵君'之'岳'字，諸家考釋，皆僅見下半'山'字。'岳'字全者，曩見江都成沂藏本。"[1]成沂（1823～1890），字芷青，晚號古頑道人，江蘇興化人。工書，尤善篆隸。初學何紹基，并結爲文字之交。又宗鄧石如，精鐵筆[2]。

劉鶚藏本之所以著名，是因爲其最早被影印刊布，并引來此後數十年間出版商無數次的翻印傳播。爲影印此本，劉鶚專往日本，時在清末，見其爲日本寫真版所附照片上的手書題記（圖18）：

崔敬邕墓志銘。此志石久佚，拓本傳世甚稀，而書法實爲北魏碑志之冠，流傳人間都知者一兩本而已，直與西岳華山碑等重。丙子八月，得此本於京師，揚州成氏所藏也。用日本寫真版印百部，分贈同好。共欣賞者銅梁王孝禹、上虞羅叔耘、定海方藥雨，下方寫真由左而右是也。光緒丙午（三十二年，1906）八月二十五日，丹徒劉鐵雲

崔敬邕墓誌銘

此誌石久佚拓本傳世甚稀而書
法實為北魏碑誌之冠流傳人間
都所知者一兩本而已真與西嶽華
山碑等重丙子八月得此本於京師
揚州成氏所藏也用日本寫真收印
百部分贈同好共欣賞者銅梁
王孝禹上虞羅朴拭定海方藥雨
下方寫真由左而右是也
光緒丙午八月二十五日徒劉鋳雲記於
日本東京芝區烏森町吾妻屋旅館

圖18

83

記於日本東京芝區烏森町吾妻屋旅館。

劉鶚得此志的具體時間，需稍作探討，似非丙子八月。該本後劉鶚手書題跋"光緒丙午七月廿六日歸抱殘守缺齋"，并王瓘跋"光緒丙午八月八日，銅梁王瓘觀於京師"、羅振玉跋"光緒丙午八月上浣在抱殘守缺齋觀"及方若跋"抱殘守缺主人携此册知天津出示，增我眼福，丙午八月方若記"，似爲當年七月下旬所得。劉跋明確時日具體是"七月廿六日"，當爲定讞。照片題記中的"丙子八月，得此本於京師"，爲筆誤，應爲"丙午八月"。

大致同時，劉鶚還得到了揚州成氏舊藏的劉熊碑整幅拓本，此本現藏中國國家博物館，見存羅振玉題額并長跋考證，款識曰：

光緒丙午（三十二年，1906）七月下浣，鐵公新得此碑，出以見視，爲之篆首，并記數語，以記眼福。上虞羅振玉時同客京都。[3]

劉熊碑民國間有石印出版，見存龐澤鑾（芝閣）跋云"是册久藏邗上成氏"（圖19）：

此碑石毀已久，傳本直如星鳳。翁覃溪學士一代鑒家，所手自雙勾者，已半據影本矣。是册久藏邗上成氏，亦不知重，湮沉鄉曲，故世無知者。丙午（三十二年，1906）始山（由）京貫搜得於故紙堆中，入某鑒家，名乃大著。不意某君不慎，得而復失，蘭亭絕本，沉没昭陵，遂使蕭家措大，得志笑人。可恨！可惜！芝閣。[4]

龐跋現已無存，僅見於印本。跋文中，"入某鑒家，名乃大著"，指劉鶚；"不意某君不慎，得而復失"，指龐氏自己。龐氏跋文充滿酸溜溜的意味，無怪乎江湖傳言當年揚州成氏劉熊碑和崔敬邕墓志釋出時，龐芝閣與劉鐵雲曾有一爭，竟不意敗北，與寶物擦肩而過，當非空穴來風。龐跋連呼"可恨""可惜"，似已"實錘"。

總之，光緒三十二年丙午（1906）七月下旬，劉鶚并得揚州成氏舊藏之崔敬邕墓志

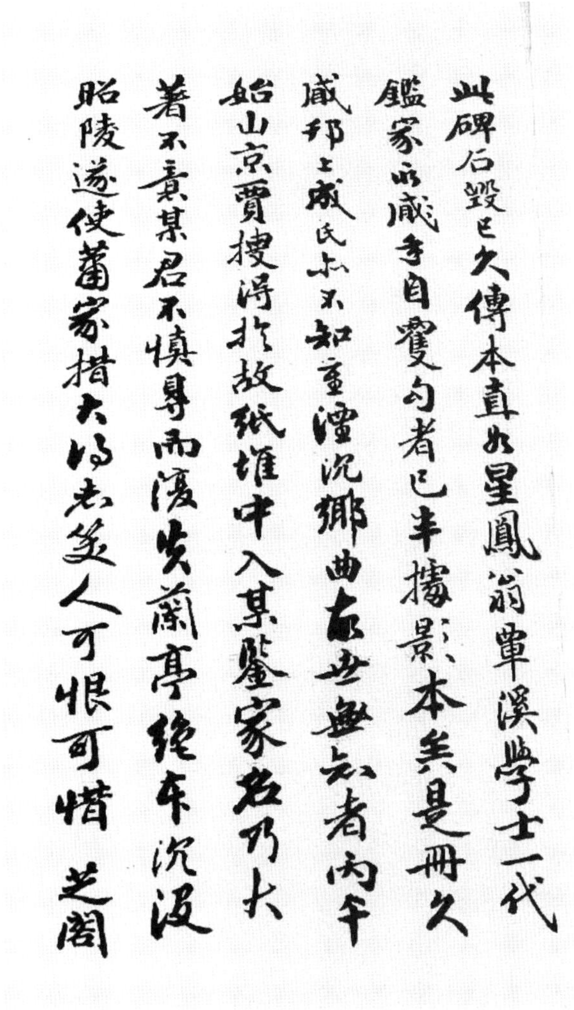

此碑石毀已久傳本直如星鳳翁單溪學士一代
鑑家所藏李自霆勾者已丰擒影本無是冊久
咸郊上咸氏亦不知童潭沈鄉曲囊也與忘者內年
始山京賈搜得於故紙堆中入某鑒家名乃大
著不賣某君不慎導而復失蘭亭絕本沈沒
昭陵遂使蕭家指大污去笈人可恨可惜 芝閣

圖19

及劉熊碑，似無異議，而以往著録多有舛誤。如羅繼祖《永豐鄉人行年録》記劉鶚得崔

志之事，誤爲當年八月：

七月，劉鐵雲得《漢劉熊碑》於京師，存字獨多，出四明范氏、松江沈氏本上，鄉

人推爲海内第一，爲篆首并作跋尾。八月，鐵雲又得揚州成氏所藏《魏崔敬邕墓志》，

石久佚，流傳者一兩本而已，招同好銅梁王孝禹瓘、定海方藥雨若及鄉人同賞於抱殘守

闕齋，各題名冊尾。[5]

羅振玉《石交録》卷1，則將揚州成氏誤記爲揚州張氏：

《酸棗令劉熊碑》石久佚，沈均初有拓本，後歸毗陵費峐懷太史。太史没，歸端忠
敏公。亡友劉君鐵雲曾於揚州張氏得一本，則文字多於沈本，後亦歸寶華庵。[6]

劉鶚獲得崔敬邕墓志揚州成氏後即付諸影印，留存時間極爲短暫，竟然數月後即歸
王瓘（孝禹），見册末王孝禹跋：

光緒丁未（三十三年，1907）春，歸銅梁王氏逍樂堂。

個中原因，或爲劉鶚商業失敗，債臺高築。劉鶚好友狄楚青的《時報》於1907年12
月刊登一則《劉鶚藏品估價》，曰：“抱殘守缺齋主人收藏金石書畫爲海内巨觀，主人
居京師積二十年之久，當百寶薈萃之區，經無限名家考訂，故諸品皆爲希世之珍。近因
宿債日重，故全數出售，由小號經理，凡鴻鑒大家，祈早購爲幸。”其下列出品名及價
格，計有商甲骨一萬二千片、古璽印兩千餘方、秦漢瓦當一百九十餘品以及宋拓碑版與
唐宋名人書畫等。其中碑版及書畫詳目如下：

宋拓碑版。北宋拓懷仁聖教序，共推海内第一本，三千元。宋拓九成宫，一千六百
元。宋拓皇甫碑未斷本，一千二百元。宋拓麓山寺，一千元。

唐宋名人書畫。唐顔魯公三表原稿卷，二千元。宋米元章書送李願歸盤谷序，一千
元。五代董源巨然山水二幅合裝一卷，一千二百元。五代徐熙水禽圖卷，一千二百元。
五代周文矩琉璃堂人物圖卷，一千五百元。宋許道寧雲水出山腰圖卷，一千二百元。宋
夏珪寒山圖卷，八百元。宋米友仁臨安山圖卷，一千元。宋趙千里仙山樓圖卷，七百
元。宋郭熙山水卷，八百元。[7]

單品價格最高者爲宋拓集王書三藏聖教序三千元，且碑拓普遍比書畫價格昂貴。此
時崔敬邕墓志拓本已歸王孝禹，故碑拓價目中無之。

在獲得揚州成氏全本之前，劉鶚先得華陽卓氏後半本。據光緒三十一年（1905）九月二日劉鶚《抱殘守缺齋日記》，此本當日得自陳田：

初二日，晴。午前論古齋來，議定閻立本、周文矩兩幅，二百廿金。鄧頑伯篆書屏四幅，一百廿金。此老筆力堅實，真不可及也。薄暮，徐、羅二姓來告，云陳君田之崔敬邕半部可賣，須持二百金往取，否者則勿議。徘徊良久，竟付二百金去取來，精彩照人，真名不虛傳也。本日又得全本碑塔銘一，亦稀世之珍矣。[8]

陳田（1849～1921），晚清學者、詩人，貴陽人，光緒十二年（1886）進士，編有《明詩紀事》二百卷。陳田亦藏書家，室名聽詩齋[9]。且與當時金石圈内人物，如王國維、繆荃孫友善，爲羅振玉第四子福葆之岳丈，羅振玉曾撰有小傳《掌印給事中陳公傳》。有關劉鶚舊藏崔志全本及半本之去嚮，據1930年3月21日徐乃昌日記：

答拜蔣穀孫譚，以示在北平新得尊古齋出售《常醜奴志》《崔敬邕志》（上半爲劉健之藏，下半爲王孝禹藏），價二千五百元，皆端忠敏故物也。[10]

另王壯弘《增補校碑隨筆》云華陽卓氏濃墨"（後）半本輾轉又從銅梁王孝禹入端方之手"[11]。顯然，華陽卓氏半本與揚州成氏全本一起，皆由劉鶚轉讓與王孝禹，而半本很快又由王孝禹讓與端方，至於全本則一直由王孝禹收藏，俟其去世後始於北京散出，1915年1月陶祖光（北溟）輾轉得於天津。關於王孝禹卒年，嚮未明，經筆者考證爲1914年[12]，時間上恰與揚州成氏全本流入京津廠肆，并最終爲陶北溟獲得相吻合。

注釋：

[1]羅振玉：《羅振玉學術論著集》第10集下册，上海古籍出版社，2010年，第825頁。

[2]寶鎮：《清朝書畫家笔錄》卷4，民國九年（1920），二友書屋石印本。

[3]《劉熊碑》，《中華寶典：中國國家博物館館藏法帖書系》第二輯，安徽美術出版社，2018年，第31頁。

[4]《海内第一本漢劉熊碑》，民國九年（1920），有正書局石印本第6版。

[5]同[1]，第12集，第372頁。

[6]同[1]，第3集，第198頁。

[7]轉引自勵俊：《狄平子的鑒藏生涯》，《掌故》第2集，中華書局，2017年，第88～89頁。

[8]〔清〕劉鶚著，劉德隆編：《抱殘守缺齋日記》，中西書局，2018年，第323～324頁。

[9]對於陳田藏書，學界極少關注，僅見劉漢忠《陳田聽詩齋藏書及〈明詩紀事〉》，虞浩旭主編《天一閣論叢》，寧波出版社，1996年。可參閱。

[10]徐乃昌：《徐乃昌日記》第3冊，鳳凰出版社，2020年，第1138頁。

[11]王壯弘：《增補校碑隨筆》，上海書店出版社，2008年，第193頁。

[12]陳郁：《王孝禹其人及卒年考》，《嘉樹堂讀書記》，文物出版社，2020年，第70～77頁。

端方與王孝禹、劉健之

羅振玉得到崔敬邕墓志書博本（舊稱劉健之本）之後，於日本博文堂珂羅版精印，并長跋，涉及潘祖蔭、端方故實：

此志國初已佚，傳拓至少。光緒戊戌（1898）三月，予始於吾鄉陶君心雲許見影照本，其原本乃李香嚴廉訪所藏。心雲言，李氏此本潘文勤公托其友百計求之不能得，一日乃面詰李曰：此志吾求之三十年不能得也。香嚴曰：公所藏永陽王妃志，吾求之亦三十年矣。文勤知不可奪，乃一笑而罷。又涇陽端忠敏公聞丹徒劉氏藏此志，以厚價乞讓，卒不可得，後得兩殘本，輳合成之。此均斯志故實也。予此本去年（1912）春得之盧江劉氏，楮墨精善，確爲最初拓本，使文勤、忠敏二公見之，不知其歆美奚似也。噫！以篤好強力如二公者，且不易得如此，而予以一寒士乃得有二公之所不能有，古人所謂文字因緣有不能強求者，顧不信歟？歲在癸丑（1913）四月，上虞羅振玉記於寶相堪。[1]

關於端方本（現稱上圖本），方若、王壯弘均有議論，前文已有詳細論述[2]，此不贅言，其所論基本確實，但須補充。其中淡墨拓前半本流傳綫路甚爲明白，在端方之前，由江標（1860～1899，建霞、建楸）、劉體乾（1873～1940，健之）遞藏，見費念慈爲劉健之跋此殘本：

崔敬邕志，在直隸安平出土，未久即龕入某氏祠壁，拓本流傳極少。陳香泉藏本見《居易録》，後玉紅樓摹本是也。筆意在刁遵、李超之間，寓謹嚴於奇逸，當爲北朝志石之冠。余所收陳秋堂本，氊椎甚精。建楸同年於長沙收舊書得一本，馳書告余，詫爲奇遇。建楸殁，遂入市兒手。甲辰（光緒三十年，1904）冬轉入健之仁兄秘笈，惜闕失百許字，出示徵題，回憶靈鶼閣談藝時，不禁惘惘也。乙巳（光緒三十一年，1905）寒食病起記，費念慈。[3]

褚德彝、蔣祖詒均認同費説。至於何時歸端方，具體不詳，但可以肯定的是在劉健之得到全本之後，淡墨前半本纔歸端方，此爲時間上限；時間下限爲端方自己得濃墨後半本之前。端方得濃墨後半本（華陽卓氏本）時間可考。見王瓘跋上圖本（舊稱端方本）：

崔敬邕志，原石久軼，孔谷園曾刻入摹古帖中，其時之珍重可知。近年惟聞費屺懷太史藏有一本，此外則寒齋所藏陳氏跋本。匋齋尚書先僅得一前半本，及開幕江南後，華陽卓氏後半本亦歸焉，延津之劍巧合有如此者。宣統元年（1909）二月，銅梁王瓘孝禹獲觀并記，時年六十有三。[4]

王瓘（1847～1914），字孝禹，一字孝玉，原籍四川銅梁，舉人，官至江蘇道員，後以字行，金石鑒賞家、書法家、收藏家。據錢實甫《清代職官年表》，光緒三十二年丙午（1906）七月，端方由閩浙總督遷兩江總督，直至宣統元年己酉（1909）離任改直隸總督[5]。既然端方任兩江總督後得後半本，則應在此時間段，具體又在何時呢？根據之前的分析，華陽卓氏本是經王孝禹轉歸端方，不妨看看端方與王孝禹的關係。王孝禹的幕友楊鍾羲《雪橋自訂年譜》光緒三十二年（1906）一條信息很重要：

九月，入兩江幕。書室在印心石屋不繫舟之東，頗軒爽。吾母率眷屬自鄂來，僦宅門橋廣藝街，前瀕秦淮，水木明瑟。謁張子處師。時繆藝風前輩、陳散原同年、徐積餘、況夔生、程雒庵、李梅庵、溫蓋臣，俱在金陵（王瓘孝禹隨節來）。勞玉初吏部，先居周慤慎幕，至是接辦洋務，後保京卿，授江寧提學使。余輯《白山詞》，積餘資以書，而玉翁爲之商定。宣統紀元，刻之郡齋，而善餘爲作序。[6]

括號内這條不經意的信息告訴我們，該年九月王孝禹已在南京，與端方到南京的時間所差無幾。如前所述，王孝禹於光緒三十三年（1907）春得崔志濃墨後半本自劉鶚處，而該年王孝禹與端方在南京的交往見諸文字者，多在冬季，如王孝禹跋端方藏石鼓文、西岳華山廟碑長垣本、史晨碑、韓仁銘、劉熊碑、大代華岳廟碑等皆在此時[7]。目前，受仲威先生之邀，前往上海圖書館見賞館藏端方舊藏碑拓二十餘册，其中王孝禹跋於該年者，如景君碑、昌陽刻石、李苞潘宗伯等題記題名三種，皆在十二月。不過，經檢端方《壬寅銷夏録》有更早者，但不是碑拓，而是該年元旦王孝禹爲端方跋敦煌千佛洞開寶畫觀音像軸：

宋靈修寺開寶八年觀音畫象。光緒二十五年（1899）出敦煌千佛洞，嚴金清自蘭州寄贈，匋齋尚書永供養。光緒三十三年（1907）元旦，清信士王瓘敬書。[8]

因此，有理由相信該年春季王孝禹得到崔志濃墨後半本後，或很快轉歸端方，時在南京。端方合二殘本爲一册亦在此後不久，册中所存最早題跋，即爲端方囑題之張祖翼跋：

崔敬邕墓志出土不久而名重一時，與崔顏志同稱二崔。玩其筆意，古致歷落，單刀直下，非若後世刻工從事椎鑿描頭畫角也。此本確係原石，且有漁洋山人小札，彌可寶貴。吳中摹刻有四本，面目各异，望而知爲贋鼎也。匋齋尚書命題。丁未（1907）嘉平大雪，張祖翼謹識。[9]

此本現藏上海圖書館，與端方舊藏常醜奴墓志合裝一匣，木匣爲端方特製，銘"魏崔敬邕隋常醜奴兩志，光緒壬寅（二十八年，1902）合裝，浭陽陶父"云云（圖20）[10]。此銘大有問題，時年端方尚未得崔志，何來"合裝"？甚至劉健之、劉鐵雲也未得到崔志，可謂謬誤千里萬里。此木匣及鑄銘當僞物無疑。據趙于密宣統元年（1909）跋常醜奴墓志：

匋齋尚書以魏崔敬邕隋常醜奴兩志合裝命觀，謹分步元均呈正。隨軒美人渺，浭水醜奴存。勿就妍媸號，强學朱陳村。磨磷猶皮相，襃嘉但外孫。豪顛玩神妙，歐褚此同源。宣統元年（1909）三月，武陵趙于密敬題。[11]

圖20

因此，端方將濃淡兩半本合二爲一，或在宣統元年（1909）春，趙另有詩題於崔敬邕墓志賀之：

寶藏光明照八荒，雙南金輻墨池旁。漁洋手札朱經眼，不比尋常字數行。六代琳腴幾百春，烏金蟬翼兩堪珍。從今鼎足費王本，風雨延津信有神。匋齋尚書命題。宣統元年（1909）春，趙于密疏盦呈藁。[12]

趙于密（1845～？），字伯臧，號疏盦，又作疏盦，湖南武陵人。篆刻家，亦能山水花卉，擅法書。喜收藏，精鑒別，曾爲端方鑒定金石書籍字畫，後僑居上海鬻書畫以自給。趙詩祇知費（念慈）王（孝禹）本，不知劉健之尚有一本，或其孤陋寡聞。

説到劉健之，據筆者梳理其光緒三十三年（1907）行迹，時在南京，故可以認爲崔志前半淡墨本由劉轉與端方亦於南京。具體文獻資料有三條：

一、繆荃孫日記，三月十四日："湖南吳其林來。沈又卿信。劃還友人四十六元。發太倉繆衡甫信，寄賬單。發徐積餘信，寄《儀棧題名記藁》。到堂。到局晤吉鳳墀、吳溫叟。禄保考畢。詣删禮卿談，并晤劉健之。接徐積餘信，索薦管理員。跋文潞公三札。"[13]

二、繆荃孫日記，五月十四日："到學堂。考國文。學使到。送碑目與劉健之。與馮大一元。文富索廿四元去。"[14]

　　三、鄮光典跋王漢輔藏禮器碑："余官京師時，與王文敏公居邸皆在東華門外，又同事會典館，朝夕相見，戊戌一別，遂成千古。丁未（光緒三十三年，1907），漢輔世兄改官江南，重以此明拓本禮器碑見示，感慨係之，輒識數語。同觀者南陵徐乃昌、盧江劉體乾、定遠方皋也。合肥鄮光典。"[15]

注釋：

[1][4]《崔敬邕墓志》，日本大正二年（1913），博文堂珂羅版單行本。

[2]見《孔氏摹刻另有底本》《華陽卓氏》兩章。

[3][4][9][12]《崔敬邕墓志》，上海圖書館編《翰墨瑰寶：上海圖書館藏珍本碑帖叢刊》，上海古籍出版社，2006年，第45頁；第46頁；第47頁；第55頁。

[5]錢實甫：《清代職官年表》第2冊，中華書局，1980年，第1501～1503頁。

[6]楊鍾羲：《雪橋詩話全編》第4冊，人民文學出版社，2011年，第2890頁。

[7]詳見拙文《王孝禹碑帖題跋輯録》，《書法叢刊》2023年第2期。

[8]〔清〕端方：《壬寅銷夏録》第2冊，文物出版社，2004年。

[10][11]《隋都督滎澤縣令常醜奴墓志》，上海科學技術文獻出版社、國家圖書館出版社，2015年，第40頁；第37頁。

[13][14]〔清〕繆荃孫：《藝風老人日記》，張廷銀、朱玉麒主編《繆荃孫全集·日記》第2冊，鳳凰出版社，2014年，第440頁；第449頁。

[15]北京海王村2022年秋季拍賣會，19號拍品。

陶湘與蔣祖詒

　　緊接着前文，端方舊藏崔敬邕墓志及常醜奴墓志，多年後散出，并歸蔣祖詒。蔣祖詒（1902～1973），字穀孫，號顯堂，浙江湖州人，密韵樓蔣汝藻之子，精版本，善鑒賞，著名古籍碑帖收藏家。他與崔敬邕墓志的關係以前被認爲似乎很簡單，其僅爲上圖本（舊稱端方本）的舊藏者。該本，1930年2月蔣得自北京廠肆，册後存其跋：

　　元魏崔貞墓志，石佚已久，墨本傳世希若星鳳。此拓後半本爲王文敏舊藏，歸端忠敏，後更得江建霞太史所藏前半本合之，始成全璧。按，此拓後半本即陳香泉所藏原本見《居易録》者。香泉跋爲人移入王孝禹觀察藏本後，故此本僅存漁洋手札，陳跋上有"秦布之印""鏡亭""六研齋秘笈"諸印記，與此本册後所鈐者悉同，可證也。庚午（1930）仲春，薄游京師，此志與常醜奴同得於廠肆。二志皆六朝墓石劇迹，一旦兼而有之，自幸墨緣爲不淺也。烏程蔣祖詒識。[1]

　　回滬後，蔣祖詒曾將崔常二志出示與徐乃昌，見徐氏日記，民國庚午（1930）二月二十二日：

答拜蔣穀孫譚，以示在北平新得尊古齋出售《常醜奴志》《崔敬邕墓志》（上半爲劉健之藏，下半爲王孝禹藏）。價二千五百元，皆端忠敏故物也。[2]

不久，蔣又請吳湖帆、褚德彝跋記之。吳湖帆録康熙年間陳奕禧跋文并書觀款：

庚午（1930）三月廿又六日，吳湖帆觀。[3]

褚德彝題籤：

魏崔敬邕墓志銘，穀孫秘篋，庚午（1930）三月，褚德彝題。[4]

褚德彝題跋：

是志康熙時安平出土，傳拓甚稀。考魏時崔悦、盧諶并擅書名，吊比干文相傳爲崔浩書。此志書體遒勁，盅和大雅，正與吊比干文相類，與他刻之劍拔弩張者不同，清河家學尚未失隊。前半淡拓爲靈鶼閣舊物，後半濃拓爲卓氏藏本，雖墨色不同，然延津合劍，洵爲石墨佳話。漁洋致竹垞手帖，尤足爲是册增重。忠敏身後，圖書星散，遂入海王村碑肆，穀孫世兄見之，與常醜奴志并以善價得之，頃以見示，因書册尾，以志古緣。庚午（1930）閏六月，褚德彝記。[5]

1949年後，蔣祖詒離開了中國大陸，崔敬邕、常醜奴二志則遺留在上海，現藏上海圖書館。友人仲威先生告知一條信息："館藏目録上有'文管會移交'五字信息。"看來此本爲1949年後得自蔣氏舊家。

然而，蔣祖詒與崔敬邕墓志的關係并不像之前人們認爲的那樣僅此而已，他還是書博本（舊稱劉健之本）的收藏者。關於此不妨從陶湘説起。陶湘（1870～1940），字蘭泉，號涉園，民國藏書家、刻書家，曾用珂羅版影印四司馬墓志（司馬昞墓志、司馬昇墓志、司馬紹墓志、司馬景和妻墓志）合崔敬邕墓志爲一册，底本似陶湘所藏。首頁四司馬墓志題端左裱邊印有陶湘題記（圖21）：

定海方氏藏，武進陶氏以玻璃版印。戊辰（1928）七月志。

四司馬墓志爲方若舊藏本，崔敬邕墓志則爲莫枚舊藏本，存莫枚三跋。此崔志舊稱劉健之本，即日本書博本，當代碑帖鑒賞家、校勘家張彦生、王壯弘、馬子雲等均未明確承

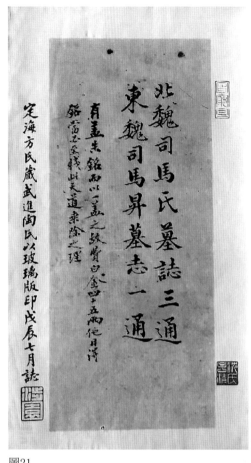

圖21

認其曾爲陶湘遞藏，儘管陶影印過。究其原因，蓋無實據。然見民國十九年（1930）十月二十五日徐乃昌日記的一條信息：

> 蔣毅孫約余同龔懷西、白堅武、張修府、鄧秋枚、徐懋哉陶樂春晚餐，毅孫出觀元巾箱本《琵琶記》（趙次侯藏書，端忠敏贈翁文恭，後歸董授經，售一千元）、《崔敬邕墓志銘》〔莫枚臣舊藏，後歸劉健之。辛亥（1911）正月，余爲健之代請梁文忠題。壬子（1912），此志歸羅叔言，後轉陶蘭泉，售一千五百元〕。[6]

其中，蔣毅孫，即蔣祖詒；龔懷西，即龔心釗；鄧秋枚，即鄧實。顯然，書博本後由羅振玉轉予陶湘，且價格不菲。陶湘自印時間爲1928年7月，陶得該本於此前不久。後陶湘經商失敗，此本轉賣給蔣祖詒[7]。據文獻記載，此本最早或爲沈秉成（1823～1895，仲復）收藏，見光緒九年（1883）九月初八日潘祖蔭日記：

> 赴藕園。約看《崔敬邕》、《常醜奴》、《韓敕》、《鶴銘》南村本、黃氏士禮居《溫虞公》、党氏《九成宮》、《高湜墓志》木夫藏本，巳刻回。[8]

藕園，即沈秉成住所，有時亦代指沈秉成。上述碑帖顯然是沈氏藏物，其中的崔敬邕墓志該是哪一本呢？就存世的五本而言，端方本合二爲一而成，以及南博本的發現，都是後來的事情，嘉樹堂本尚在揚州成氏家中秘藏，朵雲軒本時在李鴻裔處，故使用排除法而知，沈秉成舊藏崔敬邕墓志祇能是現今之書博本（舊稱劉健之本），這與後來莫枚（梅臣）得之於蘇州之事亦吻合。

該本此後遞藏經過甚爲清晰。據題跋所示，1903年春莫枚得於蘇州。見莫跋：

> 右魏崔敬邕志，國朝雍正間出土，或云出土後隨即掩藏，故傳本絕少，江南北所著

聞者僅蘐園李氏一本。蘐園富收藏，以此爲冠，臨摹百十過，其珍可想矣。己亥（1899）三月，於都門廠肆見一殘拓，僅存三頁，置寓齋累日，以索價過昂還之。年來，雖日事塵俗，而此事未嘗不常往來於心目之間。今春忽不意獲之，是奇遇亦感召也，因記之。光緒癸卯（1903）三月，重付裝池竟，即書於此。獨山莫枚，寒食前一日。[9]

後歸劉體乾（1873～1940，健之），劉曾請沈曾植、王瓘、梁鼎芬跋記之。沈曾植題跋：

此書使轉縱橫，筆法墨法皆可從刻法中想像得之。河北無行押書傳世，借此可意測其運用也。健之觀察出此見示，假歸客邸，摩挲一夕，自慶墨緣，輒紀數語。奇正相生濃淡覆，書人筆髓石人參。百年欲起安吳老，八法重添歷下譚（安吳未見此志）。漢石經齋碑百品，劉郎恣我盡情窺。秋陽在庭疏竹綠，坐憶東華駐馬時（王文敏邸在東華外錫鑞胡同）。宣統庚戌（1910）季秋，植。[10]

王瓘題跋：

崔敬邕墓志，康熙間出土直隸安平，載在志乘，人皆知之。第佚於何時，殊不可考。有謂某邑令輦去者，亦未見確據也。曩見孔谷園摹古藏真帖，已有重刻本，知彼時已不易矣。至存世原拓舊本，近尤稀如星鳳，計三十年來僅凡三見。一爲溮陽尚書所藏兩半拼配本，一則敝篋所藏有陳香泉跋者（陳跋係由溮陽尚書後半本割來者），一即此健之仁兄得於吳下之本。三本除溮陽前半本墨色稍遜，餘皆初出土一時所拓，不能有所軒輊也。此三本外，聞費屺懷太史尚有一本，係得自李眉生廉訪者，惜未之見耳。宣統二年（1910）嘉平，健之仁兄出視所藏於漢石經齋，因漫記之。孝禹王瓘。[11]

梁鼎芬題跋：

寶華盦前四井秋，好碑良夜記同儔（陶齋尚書有此碑）。道原家物真堪美，寄語存翁讓一頭。昔日交游有盛（昱）王（文敏），論書棲鳳共閑坊。兩年飄盡車中淚，欲見鴛湖瘦沈郎。辛亥（1911）正月十九日，積餘弟招，同樊山前輩、伯岩、留垞、橫山、健之、貽書、懺園、漢輔集隨盦，看所藏諸宋槧，健之道兄屬題。鼎芬記於籀園。[12]

其中，樊山前輩，即樊增祥；伯岩，即陳三立；留垞，即楊鍾羲；橫山，即陳慶年；健之，即劉體乾；貽書，即林開謩；漢輔，即王崇烈（王懿榮次子）；懺園，不詳，待考。

1912年春，書博本歸羅振玉（1866～1940，叔蘊），羅直接得之劉體乾。1913年，羅振玉携之日本，由博文堂珂羅版影印出版，册末存羅跋，見前文《端方與王孝禹、劉健之》所引，此不贅。

以上遞藏情况人已熟知。如今，徐乃昌日記所載信息不僅提供了羅振玉之後一個新的遞藏者陶湘，還進而言及陶湘之後歸蔣祖詒，民國十九年（1930）十月，蔣祖詒得崔志不久讌集龔心釗、鄧實、徐乃昌等共欣賞。看來該本後來應該是由蔣祖詒賣給中村不折的，藏於日本東京台東區立書道博物館至今。

然則，事情至此并未完結，蔣祖詒不僅僅是上圖本及書博本的舊藏者，可能還是嘉樹堂本（舊稱劉鐵雲本）的收藏者。

注釋：

[1][3][4][5]《崔敬邕墓志》，上海圖書館編《翰墨瑰寶——上海圖書館藏珍本碑帖叢刊》，上海古籍出版社，2006年，第58～59頁；第57頁；第9頁；第57頁。

[2][6]徐乃昌：《徐乃昌日記》第3册，南江濤整理，鳳凰出版社，2020年，第1138頁；第1220～1221頁。

[7]朱希祖1932年10月9日記記載："傅沅叔先生以廉價購得清盤山行宫所藏宋版《百川學海》九十種，散列於其善本書目中，人睹之惟覺其宋本之多。武進陶蘭泉借此書於傅氏，仿宋翻印，所缺者以明弘治本補之。刻既竣，陶氏適以商業失敗，竟售此書於某氏，得價銀四五千。"《朱希祖日記》上册，朱元曙，朱樂川整理，中華書局，2012年，第151頁。查陶氏影刻宋咸淳本《百川學海》，時在民國丁卯（1927），與陶氏珂羅版影印四司馬志及崔敬邕墓志合册時日相差無幾，故陶氏"商業失敗"即此後不久。此與民國十九年（1930）十月《徐乃昌日記》記載蔣祖詒新得崔敬邕墓志時間吻合。

[8]〔清〕潘祖蔭：《潘祖蔭日記》上册，潘裕達、潘佳整理，中華書局，2023年，第244～245頁。"木夫藏本"原作"木天藏本"，誤。

[9][10][11][12]《崔敬邕墓志》，日本大正二年（1913）博文堂珂羅版單行本。

蔣尊禕、蔣旭莊、蔣祖詒

前面有關劉鶚的一章，已經叙述了其得崔敬邕墓志及影印刊布之事，因此該本舊稱劉鐵雲本（即現今嘉樹堂本）。此本後歸王孝禹，孝禹故後又歸陶北溟，三人遞藏的時間跨度從光緒三十二年（1906）七月至民國四年（1915）一月後，至少十年以上。然此後相當長一段時間内的遞藏情況不詳，直到20世紀30年代和40年代，王禔、沈尹默分別爲"旭莊先生"手書題跋纔提供了有關此本的遞藏信息。王禔跋：

> 此志石已久佚，原拓絶不易得。福山王文敏曾得半本，頗加珍愛，足見原拓之勘矣。此册爲劉鐵雲、王孝禹舊藏，拓精而完善，方藥雨即據以著入《校碑隨筆》者，宜吴缶老以海内第一本稱之，誠希世之珍也。丁丑（1937）歲不盡十日獲觀於旭莊先生齋中，假歸旬餘，摩挲展玩，竊幸眼福不淺，書此以識古緣，願旭莊先生秘而藏之，慎勿輕以視人。戊寅（1938）上元節，古杭王禔福厂氏時皆客淞濱。[1]

沈尹默跋:

曩歲在蔣穀孫家獲觀是志別一精拓本，不記其原爲誰氏所藏，其剪貼極爲有法，每一全行竟輒留其餘紙，朱書其行數次第於下，若是則全碑行數字數皆可稽而知之也。後有袁爽秋長跋，爲張季直所書者。又有陶心雲評碑絶句一首，有畫短意長之語，此實不類。蓋是志與鄭文公、刁惠公諸碑，皆北魏書家中筆勢極寬暢有深趣者，不知陶公何所見而謂爲畫短也。旭莊先生此本與穀孫藏者無异，誠希世之玩。此外尚有一殘本，聞曾爲陶齋所有，云是淡墨拓者，則未之見也。崔志傳世僅有此數，而余得見二全拓本，眼福洵爲不淺矣。細觀數過，題記如右。三十六年（1947）十一月廿三日，吳興沈尹默。[2]

據此，拓本至少在1937至1947年間歸"旭莊先生"。沈跋亦見馬國權編《沈尹默論書叢稿》，名爲《跋北魏崔敬邕志》。馬氏録文與原文個別文字有些許出入，手植之誤，實屬正常。需要説明的是，馬國權在輯録沈跋時特別指出此本"蔣旭莊所藏，爲陶盒民物，原在劉鐵雲、王孝禹處"[3]。陶盒民即陶北溟。馬國權將沈跋上款人"旭莊"記作"蔣旭莊"，必有依據。該本2015年再現香港拍場（之前幾十年間從未公開過），沈氏跋文當爲馬國權於20世紀70年代直接録自藏家蔣氏後人，他們或皆在香港。馬國權的文字均有來源，説法可靠，此條已被同道載入沈氏年譜[4]。

旭莊，原來姓蔣，他又是誰呢？遺憾的是，暫時基本無考。從互聯網上檢索，即借助於現今流行的"E考據"，唯一能查到的信息是：他是民國的一位銀行家。1921年8月遼寧北票煤礦公司因資金不足，經交通部批准，改爲官商合辦，更名爲北票煤礦股份有限公司，官股爲京奉鐵路局，商股60%爲民國政府軍政要員，如張學良、徐世昌、黎元洪、張謇、潘復、葉恭綽等，以及銀行家胡筆江、蔣旭莊等。

因王沈二跋，可知20世紀三四十年代蔣旭莊居上海，不妨推測，他或許與蔣祖詒相識，故此本最終由蔣旭莊歸蔣祖詒，并由後者在1949年後携往海外，歷經六十餘年後再現江湖，於香港蘇富比拍場公開拍賣，見2015年10月5日香港蘇富比秋季拍賣會中國古代書畫專場拍賣圖録。

據圖録，該本拍品號爲1145，而此場拍賣1144、1145號兩件拍品被拍賣公司特別標注爲"密韵樓蔣氏舊藏書畫名迹"。友人張榮德先生當年在蘇富比負責此次拍賣徵集工作，數年前曾親口告知筆者該本直接得自密韵樓蔣氏後人，曰："密韵樓蔣氏後人親自來到香港蘇富比辦公室，辦理進行委托拍賣的手續。"言之鑿鑿，親身經歷，當可采信。因此，存世五本崔敬邕墓志拓本，其中三本經過蔣祖詒的遞藏，它們分別是上圖本、書博本、嘉樹堂本。至於沈尹默跋文所謂蔣祖詒"別一精拓本"，未見踪迹，雖然據沈跋存袁昶長跋、張謇書及陶濬宣絕句，但沈本人爲書法家而非碑拓鑒定家，所言需審，又蔣祖詒隱匿之而從未敢於公示，可能是翻刻本，當不作數也。

最後，我們説説蔣尊禕，他是陶北溟之後、蔣旭莊之前崔志拓本的收藏者。此條重要信息得自劉蕙蓀。劉蕙蓀，名厚滋，劉鶚之孫，著有《鐵雲先生年譜長編》。在書中，關於劉鶚當年獲得崔敬邕墓志并影印之事，劉蕙蓀寫有按語：

> 崔敬邕，丙午年（1906）旅行日本時，曾在日本用玻璃版影印，原拓家難後失去。一九三四年住在天津的時候，請了一位廣東陶玉春先生教六弟厚禄國文，陶先生告曾在蔣彬侯二公子家見到此帖，前頁千佛岩照片尚存。據云蔣彬侯係以二千元所購。[5]

顯然，1934年間該本歸"蔣彬侯二公子"，即蔣尊禕。海寧市政協文教衛體與文史委員會編《海寧歷史人物名録》：

> 蔣尊禕（1877～？），原名方履，字景鰲，號彬侯。硤石人。清末官員。國學生，光緒二十年（1894）順天鄉試恩科舉人，内閣中書撰文，光緒三十年（1904）恩科進士。歷任户部主事、郵傳部主事員外郎、電政司司長、民國交通部郵傳司司長、電政司司長、電政督辦、交通部參事。獲二等大綏嘉禾章、二等寶光嘉禾章、二等文虎章、日本國贈旭日勛章、丹麥國贈二等寶星。1942年曾兼偽華北政務委員會審查資歷委員會委員，又爲北京古學院哲理研究會會員。[6]

陳玉堂《中國近現代人物名號大辭典》：

> 蔣尊禕（1876～？），浙江海寧人。字彬侯，又字賓侯。光緒三十年（1904）進士。官於郵傳部。入民國，任職北京政府交通部，1917年任參事。1919年任電政司司長，兼電政督辦。1922年兼交通委員會實行委員。1924年再任交通部參事、電政司司長。1928年一度爲全國電政監督。1938年任北平偽臨時政府内政部參事，1942年兼偽華北政務委員會審查資歷委員會委員。又爲北京古學院哲理研究會會員。[7]

1930年，蔣尊禕曾出土地，建立了北京歷史上第一座現代公墓，爲中國近代公墓事業的奠基人之一。蔣尊禕（原名方履），與同樣出自海寧硤石蔣氏的民國著名軍事家蔣百里（名方震）爲方字輩之堂兄弟。據上揭《海寧歷史人物名錄》，蔣尊禕之父爲蔣廷黻（1850～1912）。廷黻，著名藏書家、別下齋主人蔣光煦之子，能承家學，雅好藏書。蔣尊禕爲廷黻次子，故稱"蔣彬侯二公子"。作爲崔志的遞藏者之一，蔣尊禕的發現，填補了陶北溟之後、蔣旭莊之前這個時間段遞藏信息之闕，使得民國年間嘉樹堂本遞藏綫路臻於完全。

蔣尊禕，卒年無考，生年上述説法二致。據《清代硃卷集成》蔣尊禕進士會試墨卷：

> 蔣尊禕，號彬侯，行五，光緒己卯（1879）十月初十日吉時生，浙江杭州府海寧州，民籍，監生，内閣中書，本衙門撰文。父蔣廷黻，母氏何。胞姊妹蘭珍、文珍、幼珍，胞兄弟尊蔚、尊裕。光緒甲辰恩科，中式第一百八十名，貢士。[8]

民國時，蔣尊禕在北京與書畫及收藏圈内人物多有往來，見民國二十年（1931）七月二十二日《許寶蘅日記》：

> 十二時赴譚瑑青約，有章一山棷、章振瀛同（曼仙之兄）、溥儒心畬、溥德、商雲汀衍瀛、王書衡、邵伯絅、蔣彬侯同坐，三時散。[9]

注釋：

[1][2]《崔敬邕墓志》，陳郁編《嘉樹堂藏善本碑帖叢刊》，上海人民出版社，2021年。

[3]馬國權編《沈尹默論書叢稿》，嶺南美術出版社，1982年，第173頁。

[4]酈千明編《沈尹默年譜》，上海書畫出版社，2018年，第463頁。

[5]劉蕙蓀：《鐵雲先生年譜長編》，齊魯書社，1982年，第132頁。

[6]海寧市政協文教衛體與文史委員會編《海寧歷史人物名錄》，浙江人民出版社，2010年，第252、257頁。

[7]陳玉堂：《中國近現代人物名號大辭典》，浙江古籍出版社，2005年，第1201頁。

[8]顧廷龍主編《清代硃卷集成》第91册，臺北成文出版社，1992年，第135～145頁。

[9]許寶蘅：《許寶蘅日記》第4册，許恪儒整理，中華書局，2010年，第1353～1354頁。

附：

拓本的影印及翻印

　　拓本的影印，指用墨拓原本爲底本做成印本，印刷技術有多種，如珂羅版、金屬版、石印、膠印等。而翻印，指用印本爲底本來做成新的印本。

　　在有關費念慈與陶濬宣一章中，筆者提及光緒年間有一崔敬邕墓志石印本，當爲最早之印本，必須指出的是，這是一贋本。該本存陶濬宣跋，被稱爲"陶心雲本"，曾被誤爲"費念慈本"，如王壯弘曰"光緒間石印陶心雲跋跋藏本即費屺懷本"[1]，仲威曰"光緒間陶濬宣曾將此本石印，限於當時條件，印刷粗劣，字形失真。石印本中未收錄潘寧、陳豫鍾、戴光曾題跋，僅有陶濬宣自跋"[2]。光緒二十九年（1903）三月莫枚有跋文曰"富人子某曾以鉅金得贋本付諸石印，風行一時"，說的就是這一石印贋本[3]。

　　這一石印贋本稍有名。1979年南博本首次單色影印出版時，編者撰寫的"簡介"即稱之爲"陶心雲本"，誤認爲是南博本發現之前，與端方本、劉鶚本、劉體乾本、費念慈本并存於世的五本之一[4]。2000年南博本再次出版重印時，編者"簡介"再次沿用此種說法[5]。

　　崔敬邕墓志原石真本首次影印於光緒三十二年（1906）八月，即劉鶚在日本用珂羅版影印揚州成氏本百部，分贈同好。該本此後被大量翻印，幾乎涉及當時各大碑帖刊印商，據不完全統計，計有以下數種：

有正書局，民國七年（1918）七月八版，民國九年（1920）三月九版，民國十二年（1923）十月十版；文明書局，民國九年（1920）六月再版，民國二十年（1931）五月六版，民國二十六年（1937）二月八版，民國二十九年（1940）七月九版；藝苑真賞社，民國十年（1921）六月版；中華書局，民國十八年（1929）五月初版，民國二十三年（1934）四月再版，民國二十五年（1936）三月三版。

而其他藏本民國間則未見刊行。顯然，揚州成氏本（或劉鐵雲本）爲民國年間海內崔敬邕墓志刊行之唯一印本，這也是較之其他藏本，該本相對有名於世的原因之一。在中國大陸以外，該本也有翻印，如：1959年5月日本東洋書道協會印本，1960年8月臺北中國書法研究會印本，1976年1月臺北藝文印書館印本。另外，中國大陸外（主要在日本）刊行崔敬邕墓志拓本者（主要是翻印）則爲書博本，如1949年10月日本清雅堂印本，1957年3月日本書藝文化院印本（1965年8月再版）。而在國內，幾十年後該本仍在被翻印，如：1984年10月文物出版社輯入《歷代碑帖法書選》（2019年8月推出修訂版），1990年5月武漢古籍書店翻印本，6月江蘇廣陵古籍刻印社翻印本。

20世紀70年代至80年代，上海書畫出版社出版《歷代法書萃英》叢書，主持者爲王壯弘先生和許寶馴先生，收入碑拓善本至今仍爲人稱道，其中有南博本（1979年9月出版），當爲該本被發現後之不久。2000年12月上海書畫出版社再次刊印南博本，輯入《中國碑帖經典》叢書。上海書畫出版社是當今碑帖出版領域之重鎮，影印次數最多者則是朵雲軒本，據不完全統計，分別爲：2008年1月放大本，2010年4月輯入《中國法書寶庫》叢書，2013年6月輯入《書法經典放大·銘刻系列》，8月輯入《中國碑帖名品》叢書，2017年8月輯入《法書至尊·十大楷書》叢書，2019年8月輯入《朵雲琳瑯叢刊》。

2000年以後，碑帖影印出版呈現出百花齊放的局面，顯現出難得一見的繁榮，其中一個標志性事件是2006年8月上海圖書館編、上海古籍出版社出版《翰墨瑰寶——上海圖書館藏珍本碑帖叢刊》，首輯即收入崔敬邕墓志上圖本（2014年3月、2017年5月再版）。至今，該叢刊共計出版七輯，收入碑帖四十種，影響巨大，其中一個最大的特點是：原色原大，一頁不落。2015年3月上海科學技術文獻出版社與國家圖書館出版社聯合出版《國家圖書館上海圖書館藏碑帖名品系列》，收入上圖本。2016年8月上海科學技術文獻出版社又單獨出版了上圖本。

　　必須指出的是，在這波碑帖影印出版熱潮中，私人藏品也嶄露頭角。如西泠印社出版社《善本碑帖精華》叢書，多見私藏品。而2021年1月、8月上海人民出版社出版《嘉樹堂藏善本碑帖叢刊》兩輯十種，則是系統性影印出版私家藏碑帖善本之舉，其中收入崔敬邕墓志之揚州成氏本（劉鐵雲本），首現其原色原大之本來面目。

注釋：

[1]王壯弘：《增補校碑隨筆》，上海書店出版社，2008年，第194頁。

[2]仲威：《碑帖鑒定要解》，上海書畫出版社，2015年，第217頁。

[3]莫枚跋："蘧園李氏本近歸武進費氏，宜興任氏曾雙鉤刻木行世，因之吳中贗本遂多至四五，率皆未見原拓，去道千里。且將首列祖父題名二行移列銘詞之後。富人子某曾以鉅金得贗本付諸石印，風行一時。"見《崔敬邕墓志》，日本大正二年（1913）博文堂珂羅版單行本。

[4]上海書畫出版社1979年《北魏崔敬邕墓志》之編者簡介："原石拓本稀如星鳳。在此之前凡五見：一、端方藏濃淡拼合本；二、劉鐵雲藏本；三、劉健之藏本；四、陶心雲藏本；五、費念慈藏本。這是近年新發現的一本，有山陰潘寧題跋；拓墨精佳，完整無缺；筆道勁挺，筆意俱存，是傳世諸本中較好的一本。現藏南京博物院。"

[5]《崔敬邕墓志》，上海書畫出版社，2000年。

後記

　　筆者對崔敬邕墓志原石及拓本的關注研讀、文獻搜集已歷八九年，間有文字寫就，見諸公衆，然輒有惴惴不安之感，總是擔心或隔靴搔癢，或拾人牙慧，皆弗能使自己滿意。近兩三年來，經由不斷搜刮文字，披閱文獻，稍有進步，偶爾回顧一二，所知、所解似乎略有發微、發明，關注點已趨於問題之前沿，故不揣譾陋，妄提拙見，形成了這本小書，求正於大方之家。

　　本書上篇各章，皆來源於拙文《崔敬邕墓志的出土、傳拓及亡佚》（載《書法叢刊》2021年第1期），業經修訂改寫，并添加若干新的內容，篇幅幾乎增加一倍有餘。

　　下篇各章，均來源於壬寅、癸卯間"嘉樹堂"微信公衆號"讀書記"專欄，原文及具體刊布時間依次如下：《田林與翁振翼》，2023年1月28日；《潘寧與李馥》，2023年1月30日；《華陽卓氏考》，2023年1月12日；《吉祥雲室及古雲氏考》，2022年12月3日；《可自怡齋考》，2022年11月27日；《李鴻裔李遠辰父子》，2023年1月24日；《費念慈與陶濬宣》，2023年1月21日；《劉鶚與崔敬邕墓志》，2023年2月20日；《端方與崔敬邕墓志》，2023年3月9日；《陶湘與蔣祖詒》，2023年2月11日；《民國蔣氏與崔敬邕墓志》，2023年3月11日。各文匯成此書時均有修訂、增補、改寫。

上下兩篇各增一附録，分別討論陳奕禧跋本兩種及歷年影印翻印之大概，此前未曾公開發表。

需要説明的是，本書基本屬於舊稿，以往修修補補，雖近年來閱讀一些晚清民國相關人士的日記及手札，可采用的資料盡力相應添入，但依然有可挖掘的空間。如陶濬宣、李遠辰與費念慈的交往多見於葉昌熾《緣督廬日記》、劉承幹《求恕齋日記》等。尤其陶本人亦有日記稿本存世，即現藏上海圖書館之《稷山讀書日記》《稷山日記》《省庵養痾日記》三種，都是如今了解其金石活動之稀見文獻，尚待披閱。學無止境也。

感謝馬成名先生百忙當中撥冗作序。感謝仲威先生的序言以及在文獻資料檢索方面所提供的大力幫助。感謝唐雪康博士審讀文稿，并提出寶貴修改意見。感謝責任編輯陳博洋先生耐心細緻地審讀。另外，感謝素昧平生的網友王孺童先生的改進意見。

甲辰春夏之交，陳郁於滬上嘉樹堂